SOMMAIRE DES LEÇONS

DE LA

XXIIe SESSION

DES

Semaines Sociales de France

Tenue à MARSEILLE

du 28 Juillet au 3 Août 1930

LE PROBLÈME SOCIAL AUX COLONIES

LYON

CHRONIQUE SOCIALE DE FRANCE

16, Rue du Plat, 16

Comment se pose le Problème social dans les pays de colonisation

Leçon d'ouverture de M. Eugène DUTHOIT
Président de la Commission générale

PRELUDE

La colonisation est l'acte d'occupation permanente, par une puissance, de territoires déjà plus ou moins occupés par des populations indigènes.

Elle appelle les lumières d'une science universelle.

A quel point de vue sera-t-elle étudiée par la Semaine Sociale ?

Toute intervention coloniale crée une existence commune entre une société indigène et une métropole représentée par des fonctionnaires et des colons. Comment faire concourir une telle *symbiose* (vie en commun) au bien commun ?

Problème complexe, que la Semaine Sociale va étudier à la lumière de la doctrine catholique dont les principes universels s'appliquent à toutes les formes de la vie sociale.

I

La position du problème

1° IMPORTANCE, ÉTENDUE DU FAIT COLONIAL

La moitié des terres qui couvrent la surface du globe, les deux cinquièmes de l'humanité sont aujourd'hui soumis au régime colonial : source de graves responsabilités pour les peuples colonisateurs, en particulier pour la France, seconde puissance coloniale du monde, chargés non seulement de faire valoir des richesses, mais d'orienter la politique coloniale selon sa vraie fin.

2° Y A-T-IL UN PROBLÈME SOCIAL QUI SOIT PARTICULIER AUX COLONIES ?

Oui certes, car toute intervention coloniale implique que deux civilisations, étrangères jusque-là l'une à l'autre, s'emboitent et s'ajustent : cette pénétration de l'une dans l'autre ouvre une crise sociale.

3° La crise sociale ouverte par la colonisation

Cette crise est en première ligne une crise de *population.* Comment conserver la *vie* des indigènes, aux prises avec de redoutables fléaux ?

C'est aussi une crise de la *famille indigène,* dont le statut traditionnel est ébranlé par le nouvel état de choses.

Une crise de *propriété* s'y mêle : comment harmoniser les modifications que le pouvoir apporte au régime indigène, avec le respect de la coutume et le souci du progrès cultural ?

L'autorité elle-même subit une crise, du fait de la déchéance, tout au moins de la diminution, du pouvoir effectif des chefs indigènes.

Les *rapports quotidiens* sont souvent contrariés tant par les préjugés des indigènes que par les fausses manœuvres de leurs nouveaux maîtres.

Un commencement d'*industrialisation* s'accomplit, et le problème ouvrier surgit, avec des données qui rappellent les déplorables abus des premiers temps de l'ère industrielle en Europe.

La *propagande communiste* exploite ces abus pour essayer d'allumer dans les colonies des foyers d'insurrection.

N'oublions pas la *crise religieuse* qui naît de l'ébranlement des croyances traditionnelles parmi les indigènes. Apportons-nous du moins les sources d'un renouveau religieux ?

Faut-il désespérer de conjurer une crise si aiguë et si étendue ? Non certes ! L'abandon des colonies par les métropoles serait une déplorable solution qui plongerait les pays de colonisation dans un état d'anarchie pire que leur condition primitive.

II

De quoi est chargé le pouvoir colonisateur ?

1° Mise en valeur de cette portion du domaine terrestre qu'est le domaine colonial

S'il arrive que ce territoire et les richesses qu'il contient ne puissent pas être mis en valeur par ses habitants, il est légitime qu'une intervention du dehors fasse fructifier des biens naturels que la Providence destine à l'usage de tous les hommes.

2° Erreur de la conception qui réserve a la métropole seule le bienfait de cette mise en valeur

Il n'est pas vrai que les colonies soient faites, comme l'enseignait l'*Encyclopédie,* « par la métropole et pour la métropole »,

Salut au bon « Semainier » que vous allez être ! Voici des sommaires qui faciliteront l'audition des cours, sans pourtant vous en dispenser. Croyez à la vertu de la parole vivante qui pénètre le cœur aussi bien que l'esprit. Joignez-y vos propres pensées en les transcrivant sur ces pages blanches.

ni que, comme certains le disent encore, « la colonisation soit une affaire » seulement.

L'esprit mercantiliste a pu inspirer ces conceptions fausses, parce qu'unilatérales : c'est à la colonie elle-même, aux indigènes de la colonie qu'en toute première ligne la mise en valeur doit profiter.

3° Conception bilatérale de la mise en valeur

La colonisation bien comprise est une *association* d'intérêts entre la métropole et la société indigène : celle-là prend en charge des ressources que des possesseurs débiles détenaient sans profit pour eux-mêmes et pour les autres.

4° Et le reste du monde ?

Les tiers ne sauraient être frustrés du bienfait de la colonisation, qui ne doit point dégénérer en une sorte d'égoïsme à deux.

5° La politique du « ventre plein » ne résout nullement le problème social aux colonies

Cette politique est celle qui ramène la colonisation à l'enrichissement, sans plus, des indigènes, de la métropole, du reste du monde.

Le progrès économique n'est pas ici le dernier mot ; la mise en valeur n'est que le premier échelon d'une vraie civilisation.

6° L'œuvre de civilisation, fonction essentielle de la puissance colonisatrice

Le développement matériel n'est qu'une partie et non la partie supérieure du développement humain. La science, l'art, la vertu, sont les biens par excellence, inséparables sans doute d'une certaine possession des biens matériels, mais pourtant distincts et plus enviables. L'interversion des facteurs, qui consiste à placer au-dessus des autres les biens matériels, risque d'engendrer cette fausse civilisation que saint Augustin a flétrie dans la *Cité de Dieu*.

La fonction civilisatrice n'est remplie que si, par touches discrètes et continuelles, nous unissons toujours la tutelle matérielle et la tutelle morale, la mise en valeur et l'éducation, qui s'appellent et se complètent, et si nous utilisons ces richesses immatérielles dont l'âme des indigènes n'est nullement démunie, en vue d'une pacifique *symbiose*.

III

Précisions fournies par la doctrine catholique

Après avoir interrogé la raison et l'histoire, il faut nous élever d'un degré et interroger l'Evangile et l'Eglise.

1° Les titres du catholicisme a être interrogé sur le problème social aux colonies

A) Son premier titre est *sa transcendante faculté d'adaptation aux états de civilisation les plus divers.* Le message du Christ s'adresse aux hommes de tous les temps, de tous les milieux ; faisant abstraction des particularités nationales, l'Eglise ne prend jamais l'initiative de dénationaliser ses fidèles.

Elle utilise les particularismes mêmes des sociétés auxquelles elle se mêle, pour rendre plus accessible le divin message.

Cette plasticité du catholicisme ne brise nullement l'unité du corps mystique : c'est par la complexité que triomphe l'unité de l'Eglise. Aussi invite-t-elle les hommes de toute race, de toute couleur à être ses membres vivants. Loin de leur commander l'oubli ou le mépris de leur condition ethnique, elle les invite à être chrétiennement, saintement nègres, comme d'autres sont chrétiennement, saintement jaunes ou blancs.

B) *Sa lutte incessante contre les erreurs et les abus qui faussent les rapports de civilisation.* — L'Eglise a stigmatisé le faux dogme de l'incurable infirmité de telle ou telle race. Elle ne veut pas qu'on brise systématiquement, d'une main légère, les formes de la vie indigène. Il n'est pas question de répandre en son nom un européanisme ou un occidentalisme qui s'inspirerait de la prétendue supériorité de l'homme blanc.

De même que dans le passé elle a condamné l'esclavage, elle stigmatise aujourd'hui les abus intolérables trop souvent mêlés à la pratique du travail forcé.

C) *Services sociaux qui découlent de l'action missionnaire.* — Sans doute les missionnaires ne sont pas chargés à proprement parler de *coloniser*, mais bien d'*évangéliser*. Entre l'agent colonial et le missionnaire, la différence doit éclater aux yeux de l'indigène. Il n'en est pas moins vrai que le spirituel et le temporel étant indissolublement mêlés, le missionnaire favorise l'œuvre de colonisation, puisqu'il jette dans le peuple indigène des semences de vraie civilisation. Partout où le missionnaire paraît, une transformation souvent très rapide de l'élément indigène est la suite heureuse de sa conquête toute pacifique.

La Déclaration d'ouverture contient toute la substance de cette Semaine Sociale. Elle rend raison de notre effort dans un domaine où l'on ne s'attendait pas à le voir porté. Procurez-vous à la Librairie de la Semaine le texte de cette Déclaration.

2° Requêtes et suggestions tirées de la doctrine catholique

A) *Famille d'abord.* — Cette vérité liminaire est vraie aux colonies aussi bien que dans les métropoles. Il convient donc que peu à peu le statut de la famille chrétienne, comportant l'union monogamique et indissoluble, prévale dans les sociétés indigènes, quelles que soient les coutumes antérieures et quels que soient aussi les détestables exemples qu'apportent certains représentants de civilisations réputées plus parfaites.

B) *Organisation du travail* selon les requêtes des principes chrétiens. — L'Encyclique *Rerum Novarum* n'a pas été seulement promulguée pour les sociétés de la vieille Europe. Les vérités qu'elle enseigne ont une portée universelle. Il faut donc que le traitement de la main-d'œuvre indigène se conforme à des prescriptions basées sur le principe de l'éminente dignité de la personne humaine.

C) *Méthodes de gouvernement, d'administration ; régimes de tenures agricoles.* — Ici l'Eglise s'abstient de prononcer des jugements de valeur ; mais elle rappelle certaines vérités toujours nécessaires, comme l'obligation d'adapter les formes de gouvernement et d'administration, ainsi que les régimes fonciers, au bien commun.

Aussi encourage-t-elle la constitution des élites indigènes et donne-t-elle personnellement l'exemple en suscitant un clergé indigène.

D) Au fond du problème social aux colonies surgit un problème religieux. Il s'agit de savoir si la puissance colonisatrice va essayer d'établir une discipline sociale et une civilisation nouvelle dans un milieu qui serait en quelque sorte vidé de tout contenu religieux. A vouloir tenter ce dessein absolument irréalisable, la colonisation se condamnerait elle-même. Elle s'exposerait à ce reproche d'un vieux chef : « Les blancs nous ont enlevé nos croyances et ils ne nous ont rien donné pour mettre à la place. »

A la politique anticléricale, dont maints hommes d'Etat eux-mêmes n'ont pas voulu faire un « article d'exportation », il faut opposer une politique de collaboration confiante entre la puissance spirituelle qui évangélise et la puissance temporelle qui colonise.

Extrême variété des conditions naturelles et historiques ainsi que de la structure sociale dans les pays de colonisation

Cours de M. René Pinon
Professeur à l'Ecole des Sciences Politiques
Membre de l'Académie des Sciences Coloniales

Un membre de la Constituante, Volney, disait, le 18 mai 1790, dans un discours : « ... Jusqu'à ce moment, vous avez délibéré dans la France et pour la France : aujourd'hui vous allez délibérer dans l'Univers et pour l'univers. Vous allez, j'ose dire, convoquer l'Assemblée des nations. » Cette tendance à l'universalisme a conduit souvent la politique et l'administration françaises à des erreurs déplorables et à des insuccès.

S'il est un domaine où il faut se garder des généralisations hâtives et téméraires, c'est la colonisation, disons plus exactement les relations avec des groupements humains de civilisations différentes, qu'il s'agisse de possession directe, ou de protectorat, ou de mandat. Les principes, qui sont surtout d'ordre moral, sont très généraux et se réduisent à un petit nombre de règles immuables, par exemple le respect de la vie et de la dignité de l'individu humain, quel que soit le degré de civilisation où il est parvenu. Dans la pratique, toutes les difficultés naissent de l'application.

I

Il faut avant tout se rendre compte de l'extrême variété des conditions naturelles et historiques, ainsi que de la structure sociale, dans les pays de colonisation. Toute politique sociale aux colonies est une œuvre d'adaptation de principes permanents, mais très généraux, à l'infinie variété des conditions locales. Les missionnaires savent mieux que personne comment il faut varier les méthodes d'apologétique selon le caractère et les mœurs des peuples, des tribus, même des individus. Même l'abolition de l'esclavage ne peut être réalisée sans transition, ménagements et distinctions, sous peine d'amener des maux pires pour les esclaves eux-mêmes. Dans bien des cas le seul moyen d'abolir est de remplacer.

Les éléments de variabilité sont nombreux. Il s'en faut que « la race » soit le principal. Et encore, quand nous parlons des races, il est entendu qu'il s'agit des races historiques, non des races ethnographiques. Celles-là sont très rares à l'état pur ou presque

Si vous voulez savoir ce qu'est la Semaine Sociale, prenez part aux cérémonies religieuses et aux repas de midi. Vous verrez ainsi que la Semaine Sociale est plus qu'une œuvre de science : une fraternité d'action.

pur (Juifs, Coptes, et encore). Les races historiques sont le résultat d'un mélange de peuples associés, dans un même cadre, à une œuvre historique.

Pour les peuples primitifs, leur vie est surtout réglée par les conditions économiques : chasseurs, pêcheurs, hommes vivant de la cueillette, pasteurs, cultivateurs, navigateurs, etc. Et encore, croit-on que le facteur religieux ou politique n'intervienne pas ? Une tribu noire musulmane diffère d'une tribu de même famille fétichiste. Il y a aussi, même chez les plus arriérés, un embryon d'histoire, des traditions. En Afrique, il y a des peuples primitifs et des peuples déchus.

Exemples d'extrême variété dans la vie, les mœurs, les habitudes des très nombreuses peuplades indigènes de nos colonies d'Afrique occidentale et équatoriale. Dans la plupart des cas il s'agit moins de réglementer le travail que de leur en inspirer le goût. Remarques au sujet du travail forcé.

II

Pour les peuples plus évolués, que de degrés et de variétés ! L'erreur de la conquête de l'Algérie, évitée au Maroc, a été de confondre Berbères et Arabes. Aperçu des variétés de mœurs et de vie sociale en Afrique du Nord : Mozabites, Touareg, etc...

Variabilité dans la constitution de la famille. Polygamie et monogamie. Sociétés matriarcales. La famille étendue et la tribu. Famille berbère et famille arabe. Famille annamite.

Variabilité dans la constitution de la propriété, dans son objet même ; modes de tenure. Le pasteur nomade et destructeur de forêts. La petite propriété kabyle et annamite.

Les diverses populations de Madagascar, de l'Indo-Chine.

Problème des relations de l'administration, du colon blanc avec les indigènes.

Le suffrage universel et les colonies.

III

Vieilles sociétés historiques. La Syrie. Pourquoi la nouvelle constitution des pays sous mandat crée cinq administrations différentes ?

Les sociétés indochinoises sont hermétiquement fermées à notre compréhension. Le développement du particularisme, embryon d'une conscience nationale, parmi les peuples soumis à notre domination. Discrimination entre ce qui peut leur être imposé, dans leur intérêt comme dans le nôtre, et ce qui doit être respecté. Même certains préjugés doivent être respectés quand ils peuvent l'être sans inconvénient grave (par exemple, les Annamites, qui respectent le blanc, ne veulent pas avoir à obéir au noir ou au mulâtre : ne nommons pas en Indo-Chine de fonctionnaires teintés.

Exemples d'adaptation des mêmes principes sociaux à des sociétés indigènes différentes.

Conclusion

Deux conclusions :

1° Nécessité d'études approfondies et défiance à l'égard des recettes qui guérissent partout et toujours ;

2° L'objet de la colonisation, au point de vue moral, n'est pas d'unifier et de modeler les peuples sur un même type, mais d'aider au développement de chacun selon ses mœurs, ses aptitudes, ses facultés, par une prudente adaptation des principes permanents, des vérités fondamentales, à chaque cas et à chaque type.

L'expansion coloniale est-elle légitime ?

Cours du R. P. Delos, O. P.

Professeur à l'Université Catholique de Lille

Telle que l'a connue l'époque moderne, l'*Expansion coloniale* procède du désir, naturel à l'homme, mais accru par le développement intensif de la civilisation, de mettre en valeur les richesses du globe. Elle a donc d'abord un aspect *économique*. Mais elle n'est pas un phénomène de pénétration individuelle : elle met en contact et elle entre-choque des peuples organisés, des Nations : elle a des répercussions inévitables sur la vie et l'indépendance *politique* des peuples.

Enfin, par ses visées et ses résultats, elle dépasse le cadre des intérêts personnels des Etats en présence, colonisateur et colonisé : elle est essentiellement un phénomène d'ordre *international*. — Sous ces trois aspects, l'expansion coloniale relève de la Morale naturelle.

I

L'Expansion coloniale, phénomène d'ordre économique

Les sources de richesses que le peuple colonisateur désire mettre en valeur sont déjà, le plus souvent, affectées au service de premiers bénéficiaires qui, sous des formes diverses, se les sont appropriées et les exploitent. Quels principes légitiment

Peut-être représentez-vous une association désireuse de se faire connaître à la faveur de la Semaine. Que ce souci ne l'emporte pas sur le désir de suivre des travaux longuement préparés. Point de réclames tapageuses. Point de réunions durant les cours.

la prétention des nouveaux exploitants ? Quelles règles de justice gouvernent leurs rapports avec les premiers usagers ?

Pour répondre à cette question, il faut remonter aux deux principes qui éclairent, du reste, tout le problème de l'expansion coloniale : celui de l'*égalité* de nature des hommes, et celui de la *destination universelle, commune,* des biens terrestres. Sur ces deux assises repose l'affirmation de la *Sociabilité* naturelle des hommes, et de leur *solidarité* dans la mise en valeur et la jouissance des biens de la terre.

Il faut donc reconnaître aux peuples de culture supérieure le Droit de venir par leur travail, par l'application de leur technique, etc., contribuer à l'exploitation plus fructueuse des biens déjà affectés.

Ce Droit et celui des premiers occupants ne s'opposent pas : leur antinomie apparente se résoud en un devoir mutuel de *collaboration,* dont le principe est inscrit dans le fait naturel et providentiel de l'affectation commune des biens terrestres.

Collaboration inégale d'ailleurs, l'apport des peuples plus civilisés étant de qualité plus riche ; mais collaboration qui exclut toute dépossession brutale ou larvée, et qui est soumise aux règles ordinaires de la Justice.

Les rapports sociaux que fait naître la collaboration économique sont régis par la règle que la sociologie chrétienne met à la base de l'organisation économique : la prépondérance de la Personne humaine, qui a dignité de Fin en soi. Toute l'activité économique est au service de ses intérêts spirituels et matériels.

La « finalité humaine » de l'exploitation des ressources des pays neufs requiert un régime de l'industrie et du travail dans lequel la personnalité humaine des individus de culture inférieure soit non seulement respectée, mais progressivement développée et élevée. En particulier, ce régime doit être orienté dans le sens d'une *éducation économique et sociale* des peuples de culture inférieure, élevés peu à peu, mais obligatoirement, au niveau d'une *collaboration libre et responsable,* tant des individus que de leurs associations et groupements naturels.

C'est cette Fin que la morale naturelle impose à l'expansion économique. La morale surnaturelle vient à son tour prolonger et développer ses préceptes.

II

L'Expansion coloniale, phénomène de pénétration politique

L'expansion économique est normalement accompagnée et soutenue par une pénétration politique. Celle-ci pose le problème moral du respect de la liberté et de l'indépendance des peuples indigènes, et celui de leur Droit au maintien de leurs institutions politico-sociales.

Les théologiens du XVIe siècle (Las Casas, Vitoria, etc.), ont vigoureusement souligné le droit à l'indépendance des nations colonisées. Mais leur liberté, qui est incontestable, s'entend au sens de la philosophie chrétienne ; elle est le pouvoir des peuples de se déterminer eux-mêmes en face de leur *devoir* civique ; et le *devoir*, en matière politique, est indiqué par la Fin, le but, que le Droit naturel assigne aux institutions politiques. Les libertés publiques ne sont autre chose que le pouvoir d'arrêter soi-même les formes d'institutions les plus conformes à ces fins naturelles.

Ces principes permettent d'harmoniser les exigences de la liberté des peuples de culture inférieure, avec celles du progrès dont les colonisateurs sont les champions.

Nulle liberté de maintenir des pratiques ou des institutions contraires au droit naturel, c'est-à-dire aux fins naturelles que doivent poursuivre les institutions politico-sociales.

Le devoir de civilisation impose aux peuples de culture inférieure l'obligation de s'ouvrir, dans la mesure de leur capacité et de leurs forces présentes, au progrès culturel, économique, social, et d'y adapter leurs institutions politiques.

La liberté des peuples de culture inférieure, — qui est de Droit naturel, — impose aux peuples colonisateurs le devoir de faire appel, — dans une mesure qui grandit proportionnellement au développement culturel des peuples colonisés, — à leur libre détermination et à leur responsabilité, pour fixer ou réformer leurs institutions.

Dans le domaine politique, comme tantôt dans le domaine économique, la Doctrine établit un droit et un devoir mutuel d'*éducation politique progressive,* — droit de l'exiger et devoir de la donner, d'une part, mais aussi : droit de la donner et devoir de la recevoir d'autre part ; — elle impose une formule de collaboration et une éducation au terme de laquelle les peuples arrivent à la pleine liberté civique.

III

L'Expansion coloniale, et l'organisation internationale

Les droits qui découlent de la Sociabilité universelle et de la destination commune des ressources terrestres autorisent à dire que l'expansion coloniale n'est pas un phénomène circonscrit entre le peuple colonisateur et le peuple colonisé. C'est, de

Les Semaines Sociales proposent à leurs auditeurs des thèmes de pensée et des objectifs d'action. Tout cela restera lettre-morte si les auditeurs, dans leurs divers milieux, ne s'emploient à propager les uns et à réaliser les autres.

soi et par nature, un phénomène d'intérêt général. Chaque Etat remplit en effet (d'ailleurs sous sa responsabilité et dans le plein exercice de sa liberté) une *fonction* humaine, en travaillant à la mise en valeur de ressources terrestres affectées de soi au service de tous. L'accomplissement de cette fonction sociale humaine relève de la Morale sociale internationale qui régit les rapports organiques et la collaboration obligatoire des Etats libres, au sein de le communauté internationale. A celle-ci revient en principe le droit et le devoir d'interpréter les exigences du Droit naturel social qui gouverne la Société des peuples ; d'en assurer le respect en harmonisant et en contrôlant en vue du Bien commun le jeu de la liberté des Etats, personnes morales libres et responsables.

Devoirs, droits et responsabilités des puissances colonisantes

Cours de M. l'Abbé Bruno de Solages

Rédacteur en chef de la Revue d'Apologétique

Comment s'est posé peu à peu le problème et s'est élaborée la théologie de la colonisation. Place du chapitre des droits et devoirs des puissances colonisantes dans l'ensemble du problème.

PRINCIPE

Une autorité ne se légitime et ne se règle que par le *bien commun* qu'elle a mission de promouvoir. L'autorité coloniale comme les autres. C'est autour de ces deux termes que viennent se grouper des problèmes qui sont, aux colonies, d'une complexité particulière.

1° Quelle est la communauté dont la puissance colonisante doit procurer le bien ?

2° Comment doit-elle concevoir ce bien qu'il s'agit de promouvoir ?

En deux mots : pour qui gouverner ? comment gouverner ?

I

De quelle communauté la puissance colonisante doit-elle procurer le bien ?

A) Les communautés en présence : analyse de leurs droits respectifs

1° La communauté métropolitaine ;

2° La communauté indigène ;

3° La communauté humaine.

B) Synthèse hiérarchique de ces droits en fonction des principes généraux du droit naturel : la tutelle et ses responsabilités.

1° La puissance colonisante, comme tout gouvernement, doit gouverner pour les gouvernés, en l'espèce, les indigènes ;

2° En tenant compte du bien de la société humaine tout entière ;

3° Avec droit à un profit spécial, en compensation des charges assumées.

C) Les cas de conflits

1° Le fait de la solidarité habituelle des trois communautés ;

2° Le principe de solution dans les cas, d'ailleurs exceptionnels, de conflit.

D) Les autorités gardiennes de ces droits

1° Le rôle prépondérant de la puissance colonisante, qui possède par suite les droits correspondants à ses devoirs ;

2° Le droit de regard de la société humaine (Société des Nations) ;

3° La participation croissante des colonisés à la gestion de leurs intérêts.

II

Comment doit-elle le concevoir ?

A) Les conceptions en présence

1° Assimilation totale. Mais pour quel motif et de quel droit ?

2° Conservation de la civilisation indigène. Ce serait la négation de l'œuvre même de la colonisation ;

Souvenons-nous que l'esprit public se forme et se dirige d'après les idées mises en circulation par ceux qui ont quelque chose à dire sur les problèmes en suspens. L'heure est opportune pour la propagande des idées justes. Sachons leur frayer un chemin dans les esprits.

3° Adaptation, système mixte, seul soutenable. Mais il faut déterminer les principes selon lesquels elle doit être accomplie.

B) La supériorité présupposée de la civilisation colonisante

1° Les éléments d'une civilisation : état économique, droit, culture, religion ;

2° La supériorité de la civilisation colonisante ; en fait surtout :

+) économique (méthodes, techniques, machines);

++) et chrétienne (droit naturel, évangile).

C) Les principes directeurs de l'adaptation

1° Ce qu'il convient de réformer dans la civilisation indigène:

a) Au point de vue économique: ce qui est inviable.

b) Au point de vue spirituel :

+) Ce qui n'est pas conforme au droit naturel (en modifiant peu à peu la législation);

++) La religion (non en imposant le christianisme, mais en favorisant l'évangélisation).

2° Ce qu'il faut conserver des civilisations indigènes :

a) Tout le reste (diversités économiques, institutions particulières, culture propre) ;

b) Degré d'importance de cette diversité ;

c) Moindre en fait qu'en théorie, vu la tendance spontanée du monde moderne à l'uniformisation.

3° Comment il convient de conduire cette évolution : cadences et stades :

a) Au point de vue économique ;

b) Au point de vue spirituel; un paradoxe: la prétention de civiliser sans évangéliser.

*
**

Primauté du spirituel en tout problème humain. Autrefois, les théologiens s'adressaient à la conscience des souverains; aujourd'hui que l'opinion est souveraine, c'est sur elle qu'il faut agir pour faire respecter aux colonies la justice chrétienne.

Colonisation et action missionnaire

Cours du R. P. Albert VALENSIN
Professeur à la Faculté de Théologie de Lyon

Colonisation et action missionnaire paraissent à plusieurs de nos contemporains ne constituer que deux aspects à peine discernables d'un seul et même phénomène social: celui de l'expansion dominatrice de l'humanité civilisée à travers le monde. En réalité, elles sont profondément distinctes par leurs origines, leurs méthodes et leurs fins, encore que l'une et l'autre s'exercent en un domaine identique. Ainsi l'éternel problème des rapports de la politique et de la religion, de l'Eglise et de l'Etat, reparaît, à l'occasion du fait colonial, et il prend les proportions mêmes du monde.

La présente leçon n'envisagera que son aspect doctrinal. Elle exposera, de ce point de vue, les principes théologiques, dont s'éclaire l'action missionnaire, puis les directives pontificales, qui ont récemment adapté cette action aux conditions modernes de la colonisation.

Colons et missionnaires, agents de l'Etat et ministres de l'Eglise ne sauraient ni confondre leur activité ni la séparer. La solution du problème de leurs rapports est plus complexe. Elle distingue le cas des colonies proprement dites de celui des zones d'influence. S'agit-il des colonies, deux principes commandent l'action missionnaire. Le premier, c'est que l'Eglise, dont doit se fonder l'institution en pays neuf, est moins l'église particulière d'une Métropole, que l'Eglise catholique. Le second, c'est que cette Eglise, précisément par ce qu'elle est catholique, doit tendre à devenir indigène.

S'agit-il des zones d'influence, il importera de se rappeler que l'action missionnaire ne devant jamais inféoder le catholicisme à une cause humaine, elle ne peut légitimement favoriser l'influence étrangère dans le pays qui l'accueille, que dans la mesure, où cette influence se révélerait bienfaisante et durable, au point de vue des intérêts moraux et religeux des indigènes.

Le missionnaire n'est donc le pionnier d'aucun impérialisme occidental, celui-ci ne fût-il qu'intellectuel. Comme le colon, sincèrement avide de progrès humain, il lie son action à une large compréhension de la vie profonde des hommes, de leurs harmonies spirituelles, sous les dissonances du langage et de la culture nationale. Et il entend ne forcer aucun peuple à passer sous des fourches caudines pour entrer dans la maison œcuménique de la vérité.

Mais les idées ne se transcrivent dans les faits et dans l'histoire que sous l'influence de volontés orientées à leur lumière et groupées pour leur mise en œuvre. C'est pourquoi des groupements prolongent l'action des Semaines Sociales.

De ces principes, les directives pontificales récentes ont proposé des applications opportunes. Elles visent à adapter l'action missionnaire aux conditions d'un monde, à la surface duquel des mouvements nouveaux apparaissent, qui agitent l'Afrique et l'Asie sous la triple influence de conditions souvent injustes imposées au travail indigène, du déséquilibre politique produit par la guerre, enfin d'un réveil ethnique fiévreux et menaçant.

En conséquence, l'action missionnaire affirmera de plus en plus, dans les pays où elle s'exerce, son caractère d'action autonome, provisoire et religieuse. Mais entre elle et toute œuvre colonisatrice tendant moins à exploiter qu'à servir, se découvrent par le fait même de nombreuses possibilités d'ententes loyales et de collaborations fécondes.

Si un ordre social meilleur parvient donc à s'instaurer aujourd'hui sous l'effort commun de tous les hommes de bonne volonté, peut-être que les générations de demain verront se modeler enfin dans l'argile informe des multitudes païennes le visage d'une nouvelle chrétienté.

La Voix du Saint-Siège et de la Propagande. Convergence entre leurs enseignements séculaires et certaines tendances récentes du droit public international dans le domaine de la colonisation

Cours de M. G. Goyau
de l'Académie Française

Les millions d'hommes qui habitent les divers domaines coloniaux — qu'ils soient chrétiens ou étrangers à la foi du christ, — ne peuvent échapper à la sollicitude du Saint-Siège. La colonisation, d'ailleurs, peut avoir une répercussion sur le mouvement missionnaire, et c'est là, pour le Saint-Siège, un autre motif de s'intéresser aux problèmes coloniaux. Or les orientations et solutions du Saint-Siège sont, à cet égard, depuis quelques siècles, une sorte d'annonce des tendances que nous voyons aujourd'hui s'accentuer dans le monde colonial et dans le monde international. Il est intéressant d'écouter, à partir du XVIe siècle, la voix du Saint-Siège, et d'en confronter les échos avec ces tendances nouvelles.

I

Avant d'aborder cette étude, il convient d'écarter une question que certains pourraient poser. Dans beaucoup d'écrits catholiques du XIXe siècle, comme d'ailleurs dans beaucoup d'écrits protestants, les noirs sont représentés comme une race déchue, sur laquelle pèse l'anathème biblique; et les esclavagistes se sont souvent prévalus de cet anathème pour justifier leurs maximes d'asservissement. Que penser de cet anathème ? Nous répondrons qu'il est désormais prouvé que ce prétendu anathème est une légende forgée dans les ghettos il y a quinze ou seize siècles, et qui ne trouva quelque crédit dans les milieux chrétiens qu'à partir du XVIe siècle, mais qui fut ignorée de toute l'Eglise du moyen âge.

II

Cela dit, étudions les prescriptions de l'Eglise en matière de colonisation, en ce qui regarde la situation sociale des races conquises. Nous voyons d'abord se succéder les condamnations du Pape Eugène IV en 1436, du pape Pie II en 1462, du pape Sixte IV en 1476, contre les chrétiens qui réduisent en esclavage des païens convertis; et cette série de prescriptions prouvent que l'Eglise, qui, au moyen âge, avait scrupuleusement défini et limité les titres moyennant lesquels l'état d'esclave pouvait apparaître comme licite, n'admettait pas que la colonisation pût amener un développement de l'esclavage. Puis, lorsque Espagne et Portugal devinrent, en Amérique, puissances coloniales, et lorsque des joutes mémorables mirent les théologiens aux prises au sujet de la liceité de l'esclavage des Indiens, la Papauté, en 1537, prit la parole ; et l'on vit se succéder les enseignements de Paul III (1537), d'Urbain VIII (1639), de Benoît XIV (1741). Avec ces enseignements convergeaient de nombreuses consultations théologiques, et les éloquentes prédications que fit entendre au Brésil, au XVIIe siècle, le jésuite Vieira, un des plus grands orateurs sacrés qui aient illustré la chaire chrétienne, s'insurgèrent contre l'esclavagisme avec une audacieuse âpreté. Après les efforts de la Papauté pour faire abolir la traite au congrès de Vienne, Grégoire XVI, en 1839, renouvela les condamnations de ses prédécesseurs. Les initiatives antiesclavagistes de Léon XIII ne rentrent pas directement dans notre sujet, puisqu'elles ne visaient pas des abus commis par les puissances colonisatrices; mais l'esprit qui inspirait ces initiatives prolongeait les enseignements traditionnels du Saint-Siège.

Le prolongement des Semaines Sociales s'effectue par l'organe de deux groupements principaux : 1° L'Union détudes des catholiques sociaux dont les sections poursuivent, à travers les provinces françaises, un travail d'enquêtes sociales ; 2° Les Serétariats sociaux, qui poursuivent un travail de réalisations pratiques.

III

D'autres démarches de l'Eglise concernèrent les devoirs des puissances colonisatrices. A ce sujet, il y a un document capital, trop peu connu: c'est l'*Instruction sur la façon de traiter les indigènes en Amérique,* adressée sur l'ordre de Pie II, en 1568, au nonce du pape à Madrid, Castagna. Cette instruction est un véritable programme de colonisation, qui insiste sur la nécessité d'implanter la civilisation chrétienne, sur le devoir de faire régner la justice, de ne pas frustrer les indigènes de leurs salaires, de permettre qu'ils recourent aux tribunaux contre les abus dont ils seraient l'objet, de faire surveiller les fonctionnaires qui se rendraient coupables de ces abus, et de les châtier. Rien de plus opposé que ce document aux vieilles conceptions coloniales d'après lesquelles les colonies étaient faites pour la métropole.

IV

L'insistance avec laquelle l'instruction adressée au nonce Castagna affirme le devoir missionnaire des puissances colonisatrices, et le souci qu'eut toujours la Papauté d'insister sur la besogne scolaire des missionnaires, témoignent qu'en face de la conception mercantile où se complaisaient, au début, certains colons, l'Eglise voulait que la colonisation fût une œuvre civilisatrice. En cela, son idéal devançait celui qu'affirment aujourd'hui les puissances politiques lorsque nous voyons l'Acte du Congo de 1885, l'Acte de Bruxelles de 1890, accorder aux missions certains droits et certaines garanties en vue du concours qu'elles prêtent à des œuvres philanthropiques telles que la suppression de l'esclavage. Et, d'autre part, les actes par lesquels la Société des Nations a organisé, en d'anciens territoires coloniaux, le régime des mandats B, prouve qu'elle considère, elle aussi, l'activité scolaire comme devant être une des activités du missionnaire. L'actuel droit des gens, en dehors de toute préoccupation confessionnelle, rend formellement hommage à l'idéal chrétien comme à un facteur d'éducation des races attardées.

L'action internationale des Puissances contre les abus coloniaux avant et depuis l'établissement de la Société des Nations

Cours de M. Barthélemy RAYNAUD
Professeur à l'Université de Marseille
et à l'Institut Colonial de Marseille

Base et motifs de cette action: les charges sociales de la colonisation.

Point de vue de l'étude entreprise: le terrain des faits.

Division: 1° La lutte contre les abus atteignant l'ensemble des populations coloniales;

2° Les conventions internationales concernant les travailleurs coloniaux.

Bibliographie du sujet.

I

La lutte contre les abus atteignant l'ensemble des populations coloniales

Coup d'œil rapide sur les précédents.

L'acte de Berlin. 1885.

Disposition essentielle: art. 6. « Les territoires du Bassin conventionnel du Congo ne pourront servir ni de marché, ni de voie de transport pour la vente des esclaves de quelque race que ce soit. »

L'acte de Bruxelles (2 juillet 1890), met en œuvre l'engagement précédent et comporte d'autres engagements internationaux.

Sur l'esclavage, il organise la répression de la traite aux lieux d'origine, assure la surveillance à exercer sur les routes de caravanes, réprime la traite sur mer, prohibe l'importation et le commerce des esclaves dans les pays où existe l'esclavage domestique, fonde enfin un bureau international à Zanzibar.

Sur le trafic des spiritueux, il entreprend la lutte contre l'alcoolisme.

Sur le commerce des armes à feu et des munitions il entreprend aussi une première réglementation.

Application satisfaisante mais limitée de ces mesures d'avant guerre.

L'Union d'Etudes des Catholiques sociaux possède des sections à Paris, Lille, Roubaix, Tourcoing, Dunkerque, Le Havre, Rouen, Dijon, Nantes, Angers, Poitiers, Toulouse, Bordeaux, Marseille, Aix, Toulon, Nice, Lyon, Grenoble, Besançon. Faites-vous inscrire à ces sections ou fondez-en une s'il n'en existe pas chez vous.

Après la guerre, l'art. 23 du traité de paix rappelle les obligations diverses des puissances.

Les trois conventions de Saint-Germain (10 septembre 1919), les mettent en œuvre :

a) Convention sur l'esclavage: revision de l'acte de Berlin et dispositions nouvelles;

b) Convention sur le contrôle des armes et munitions;

c) Convention sur le régime des spiritueux en Afrique. Etude des divers problèmes après 1919.

L'esclavage: Nouvelle convention du 25 septembre 1926.

Application. Etat actuel de la question.

Le commerce des armes et munitions: nouvelle convention du 17 juin 1925.

Le trafic des spiritueux en Afrique.

Un mot sur l'opium et les stupéfiants.

II

Les conventions internationales du travail concernant les travailleurs coloniaux

Les clauses relatives aux travailleurs coloniaux dans les deux conventions de Berne (1906) sur le travail de nuit des femmes et l'interdiction de l'emploi des phosphores blancs dans l'industrie des allumettes.

Leur application dans les diverses colonies.

Les conventions internationales d'après guerre: les clauses de style exigeant une ratification spéciale.

Faible application aux colonies des diverses puissances.

Les conventions de travail spéciales aux questions de travail colonial.

Conclusion

L'avenir de la lutte des puissances contre les abus coloniaux.

Les facteurs qui dominent dans cette lutte: le camouflage possible des intérêts nationaux.

Nécessité des facteurs idéaliste et catholique.

A l'ombre de la croix.

Théorie et exercice des mandats dans leurs rapports avec le Problème social dans les Colonies

Cours du R. P. Yves de La Brière
Professeur de Droit des Gens à l'Institut Catholique de Paris

I

Les mandats de la Société des Nations

La question s'est posée d'une manière toute concrète devant les négociateurs du Traité de Versailles.

L'on voulait retirer à l'Empire allemand la souveraineté de son ancien domaine colonial et à l'Empire turc la souveraineté de ses territoires arabes du Proche-Orient.

L'on ne voulait cependant pratiquer aucune annexion coloniale au profit de l'un ou l'autre des Etats victorieux.

L'on reconnaissait, par ailleurs, le caractère peu désirable et peu pratique d'un condominium international, bien que l'on inclinât à utiliser, pour la gestion de ces territoires, la nouvelle communauté organique des Puissances.

L'on se résolut finalement à faire gérer chaque domaine par une seule Puissance acceptante et dûment qualifiée (en raison de sa position géographique et d'autres titres légitimes), non pas au nom de cette Puissance elle-même, mais au nom de la Société des Nations.

Tel est le sens de l'article 22 du Pacte de Versailles, dont une brochure fameuse du général Smuts avait en partie suggéré le dispositif.

Les contrées arabes du Proche-Orient furent désignées sous le nom de Mandat A. Les anciennes colonies allemandes d'Afrique et d'Océanie furent désignées sous le nom de Mandats B et C: la distinction entre ces deux dernières catégories étant dictée elle-même par des raisons purement politiques.

Le régime nouveau du Mandat différerait de celui de la Colonie. L'Etat mandataire, en effet, aurait mission de sauvegarder certains principes, avec l'obligation d'observer un statut défini, de rendre des comptes et de subir éventuellement un contrôle.

L'analogie qui paraît figurer le plus exactement la condition juridique d'un territoire sous Mandat serait celle de la Tutelle d'un mineur.

Savez-vous, par exemple, qu'il y a, en France, 66 Secrétariats sociaux, dont 45 groupés en Union nationale, avec siège central à Paris, 31, rue Bellechasse. Ils ont construit des milliers de maisons ouvrières, fondé des centaines de Sociétés de crédit et de secours mutuel, créé et soutenu de nombreuses organisations professionnelles, etc...

Le Pupille est la population même du territoire. Ce peuple est encore en état de minorité. Mais, un jour, il deviendra majeur et, alors, entrera en possession de son indépendance politique.

Le Tuteur est l'Etat mandataire, chargé de veiller au développement du pupille et de gérer la tutelle à l'avantage prépondérant du mineur dont les intérêts lui sont confiés.

Le Conseil de famille est la Société des Nations, représentée par son propre Conseil et ayant pour organe de contrôle et d'enquête la Commission des Mandats. Le Tuteur doit rendre des comptes au Conseil de famille et obtempérer à ses décisions éventuelles.

Il est curieux de constater que le grand théologien du XIXe siècle, Taparelli d'Azeglio, avait entrevu quelque chose de semblable, en préfigurant la future communauté organique du monde civilisé.

II

Rapports avec les problèmes sociaux

Dans les territoires sous Mandat, le rôle de l'Etat mandataire est conçu essentiellement comme un rôle éducateur, un rôle tutélaire, en conséquence d'une « mission sacrée de civilisation ».

L'article 22 du Pacte détermine expressément, dans cet ordre de choses, certains devoirs de l'Etat mandataire à l'égard des populations coloniales.

Prohiber tout trafic des esclaves, le libre trafic des armes et le libre trafic de l'alcool.

Garantir éventuellement la liberté religieuse dans les limites de la morale publique et de l'ordre public.

Limiter l'instruction militaire aux besoins normaux de la police et de la défense du territoire.

Ces mêmes obligations se trouvent détaillées en termes plus précis dans le statut organique de chacun des territoires sous Mandat. Le formulaire est, d'ailleurs, identique pour les règles applicables à tous les Mandats de la même catégorie.

Le statut organique fait mention expresse des Missions religieuses et de leur rôle moralisateur et civilisateur en chacun des pays sous Mandat.

Tout un ensemble de règles sociales et de principes sociaux se trouvent donc inclus dans les obligations juridiques contractées par les Etats mandataires.

III

Répercussion sur les territoires coloniaux

L'article 23 du Pacte de la Société des Nations contient divers engagements contractés, en matière de législation sociale, par toutes les Puissances signataires. Plusieurs de ces engagements sont directement applicables aux Colonies et Protectorats.

Les Etats contractants s'obligent, en effet, à procurer « des conditions de travail équitables et humaines pour l'homme, la femme et l'enfant ». Ils s'obligent, dans ce but, à établir et à entretenir les « organisations internationales nécessaires » Le texte détermine que les Puissances signataires pratiqueront cet engagement, non seulement sur leur territoire, mais aussi « dans tous pays auxquels s'étendent leurs relations de commerce et d'industrie ». C'est donc accepter le principe de mesures internationales pour la protection du travail, même dans les territoires coloniaux.

En outre, les Etats contractants « s'engagent à assurer le traitement équitable des populations indigènes dans les territoires soumis à leur administration ». Venant à la suite de l'article 22, cette phrase ne peut pas ne pas viser les prescriptions concernant le traitement équitable des populations indigènes, telles qu'on les a précédemment formulées à propos des territoires sous Mandat (prohibition du triple trafic des esclaves, des armes, de l'alcool; garanties de liberté religieuse; limitation de l'instruction militaire aux besoins défensifs). L'assimilation est ici évidente dans l'intention des rédacteurs du Pacte. Les populations des Colonies devront bénéficier des mêmes avantages que les populations des territoires sous Mandat, bien que ne se trouvant pas dans la même condition juridique au regard du droit international.

Enfin, l'article 23 du Pacte charge la Société des Nations de contrôler les accords relatifs à « la traite des femmes et des enfants, au trafic de l'opium et autres drogues nuisibles ». On prévoit pareillement les « mesures d'ordre international pour prévenir et combattre les maladies ». Toutes dispositions qui, de par leur nature même, concernent très particulièrement les territoires coloniaux et les territoires sous Mandat.

Conclusion

Le régime international des Mandats constitue un nouvel élément civilisateur dans la *comitas gentium*. Il a pour conséquence

L'Union d'Etudes des Catholiques sociaux et les Secrétariats Sociaux ont besoin de votre concours. En quelque lieu que vous habitiez, vous pouvez vous associer à leurs travaux. Vous serez, suivant les cas, leur correspondant, leur enquêteur, leur collaborateur. Donnez votre nom et votre adresse au Secrétariat. Vous recevrez, moyennant 5 francs, « Notes de Doctrine et d'Action » correspondance trimestrielle des Semaines et de l'Union d'Etudes.

de rendre universellement obligatoires, dans les pays coloniaux, comme règles générales de la civilisation contemporaine, les avantages sociaux que la Société des Nations reçoit mission de promouvoir et de sauvegarder, pour les populations indigènes dans les territoires sous Mandat.

Le Problème de la Population dans les Colonies françaises

Cours de M. Henri Brenier

Ancien chef du Service Economique de l'Indo-Chine

I. *Les faits statistiques.* — II. *Les possibilités économiques.* III. *Les questions de principe et de méthode.*

PREMIERE PARTIE

Les faits statistiques

Il faut en partir, mais il est très difficile de les rassembler — même pour l'Afrique du Nord, où les *registres de l'état-civil,* seule base sûre (en dehors des *Status animarum* des missionnaires catholiques — et, encore, en ce qui concerne ceux-ci pas toujours) n'existent en réalité que pour les *Européens,* malgré des essais officiels méritoires en ce qui concerne les indigènes (en Algérie tout au moins).

Partout ailleurs, on n'a que des *sondages.* Mais ceux-ci (à condition, naturellement, d'avoir été sérieusement faits, par des hommes consciencieux et compétents), donnent des indications intéressantes, dont il est possible de tirer parti. Pour s'étonner qu'on ne soit pas mieux renseigné, il faut perdre de vue que les fondements de la science démographique sont, en réalité, d'origine toute récente, même en Europe ; — et oublier, d'autre part, toutes les difficultés d'ordre géographique, linguistique, administratif, et social (coutumes) qui s'opposent plus encore qu'à des *recensements,* à des relevés réguliers des *mouvements* de la population ; ou oublier encore le simple fait qu'un nègre de la brousse, par exemple un Papou ou même un Annamite, ne savent généralement pas quel âge ils ont exactement. Le temps ne compte pas pour eux.

Sous ces réserves, il est cependant possible, encore une fois, de relever quelques faits non négligeables, et qui permettent de formuler, pour nos Colonies, quelques conclusions sur le problème de la population, — lequel, là comme partout, est, au point de vue économique, comme au point de vue politique, social et moral, le problème *fondamental.*

Sous ces mêmes réserves on peut dresser, — comme une sorte d'introduction générale à cette étude, — le tableau suivant de la Population dans les Colonies françaises :

RECENSEMENT 1925
(Cadre officiel)

	Européens (ou assimilés)	Indigènes	Total
1° *Afrique du Nord,* y compris la population « comptée à part » :	—	—	—
Algérie	870.370	5.196.010	6.066.380
Tunisie	173.281	1.986.427	2.159.708
Maroc	104.712	4.124.434	4.229.146
	1.148.363	11.306.871	12.455.234
2° *Afrique Occidentale et Equatoriale,* y compris le Togo et le Cameroun	23.019	18.958.217	18.981.236
3° *Ofrique Orientale et Océan Indien :* Côte des Somalis, Madagascar et dépendances, La Réunion	481.264 (a)	3.914.537	4.395.801

(a) N. B. Comprend les Noirs « citoyens français » de la Réunion.

4° *Indo-Chine*	33.758	20.012.237	20.046.085
5° *Amérique*	522.412 (b)		522.412

(b) Comprend les Noirs « citoyens français » de la Martinique, Guadeloupe, etc...

6° *Océanie*	20.473	124.408	144.881
TOTAUX GÉNÉRAUX..	2.229.289	54.366.370	56.545.659

En ce qui concerne la première colonne, des distinctions s'imposent; et il s'agit d'essayer de se rendre compte du nom-

Savez-vous encore que les Semaines Sociales ont donné naissance aux « Semaines Rurales », petits collèges temporaires, destinés au perfectionnement professionnel et social de l'élite rurale, masculine et féminine ? Il y a en France, cinquante sessions annuelles des Semaines Rurales.

bre exact de *colons français* proprement dits, de leur rôle et de leur situation démographique. C'est ce que s'efforcera de faire — (dans une certaine mesure — car le sujet appellerait un développement spécial) — la leçon, en ce qui concerne l'*Algérie*, la *Tunisie*, le *Maroc, Madagascar*, l'*Indo-Chine* et l'*Océanie*, en laissant de côté les « Vieilles Colonies » et Saint-Pierre-et-Miquelon, où les conditions (d'ailleurs très différentes) sont spéciales.

Mais on s'étendra surtout sur :

Les populations indigènes, situation démographique, plus spécialement au point de vue de la *natalité :*

a) Dans l'Afrique du Nord;

b) Dans les divers groupes géographiques de Colonies distingués ci-dessus.

Exemples de *sondages* opérés dans ces dernières années. Examen de leur *valeur*. Commentaires sur leurs *résultats*.

DEUXIEME PARTIE

Les possibilités économiques

Développement possible des ressources agricoles, minières, industrielles et commerciales de nos Colonies. Vue sommaire d'ensemble de ces ressources. Leur intérêt au point de vue national et même international. Mais la *mise en valeur* n'est possible qu'avec une augmentation de la *population*.

Cette partie (bien qu'essentielle) sera forcément écourtée. Il ne sera donné que quelques exemples.

TROISIEME PARTIE

Les questions de principe et de méthode

A) Les principes. — La loi naturelle, le christianisme et la natalité. Quelques exemples positifs en ce qui concerne en particulier les indigènes catholiques. L'organisation de la famille: monogamie et polygamie au point de vue de la fécondité. Renvoi à la leçon du R. P. Marchal sur: « La vie de famille des indigènes ». — La famille en Indo-Chine et en Extrême-Orient (quelques observations et souvenirs personnels).

B) Les méthodes. — *a)* L'amélioration de l'hygiène et l'assistance médicale aux indigènes. Renvoi à la leçon de M. le lieutenant-colonel Blanchard; en particulier en ce qui concerne la lutte contre la *Mortalité infantile.*

b) La question du régime de la propriété, du logement et de la liberté de la personne dans leurs rapports avec la natalité.

Conclusion

Comme pour toutes les questions sociales, supériorité de la loi naturelle et du christianisme pour le développement, même matériel, des Colonies, dans la mesure où ce développement est lié à l'accroissement de la population. En Afrique noire tout au moins, la situation démographique d'ensemble est *plutôt fâcheuse,* malgré de très louables efforts de la part de l'Administration, et quelques résultats certains obtenus par elle.

La Condition de la femme indigène et le problème de l'évolution des Coutumes familiales dans quelques tribus de l'Afrique Occidentale Française Observations sur le même sujet relativement à l'Algérie

Cours du R. P. Marchal
Assistant du Supérieur Général des Pères Blancs

La question à traiter ici a pour objet un élément central du « Problème social aux colonies ». Elle est par là-même une question difficile. La difficulté s'augmente du fait de l'extraordinaire variété des coutumes tribales dans chaque partie de notre domaine africain, comme aussi des graves lacunes de nos connaissances ethnographiques. Cependant en ce qui concerne l'A. O. F., nos renseignements sont assez abondants et assez sûrs, ils le sont davantage encore pour l'Algérie.

I

Condition de la femme en A. O. F. d'après le droit coutumier

Quelle que soit la valeur ou la nullité des hypothèses ethnologiques connues sous le nom de « patriarcat » et de « matriarcat », il est vrai que les Coutumes familiales en Afrique se clas-

La restauration de l'ordre social chrétien ne se fera que si les catholiques vivent et agissent en conformité avec les principes sociaux du catholicisme. Ces principes exposés dans les Encycliques pontificales sont ignorés non seulement de la masse, mais encore de l'élite. De là les erreurs et les inconséquences qui retardent cette restauration si nécessaire.

sent en deux genres qu'on peut appeler *Coutumes patriarcales* et *Coutumes matriarcales*. Sauf un certain nombre de tribus de la Côte-d'Ivoire et une exception ou deux dans la Haute-Volta, les Coutumes patriarcales sont partout répandues, plus ou moins mitigées, dans notre A. O. F. Cette distinction est particulièrement importante lorsqu'il s'agit de préciser le sens et la portée de la « Coutume » intéressant la Condition de la femme indigène, par exemple :

1° La *dépendance des filles* a l'égard de leur maitre ou tuteur avant leur mariage; 2° les conditions, la nature, la portée des *conventions matrimoniales;* 3° les rapports de la *femme mariée* avec son mari, avec la famille de son mari, avec sa propre famille; 4° l'importance de la *maternité,* l'autorité et le rôle qu'elle confère à la mère; 5° enfin les conséquences qui résultent de la *polygamie,* du *divorce,* de la *répudiation,* du *simple abandon.*

II

Evolution de la Coutume concernant la condition de la femme. — Le fait et ses causes

Le changement est la loi de tout ce qui vit, de la vie sociale spécialement. Il n'y a donc pas de Coutumes familiales immuables, mais des Coutumes plus ou moins stables, sujettes à varier, non seulement en surface mais dans leurs éléments profonds, sous l'influence de causes nombreuses qui agissent, soit isolément, soit de concert, pour modifier les institutions coutumières ou pour les supprimer ou pour leur substituer les institutions nouvelles.

Parmi ces causes, qu'il suffise d'apporter ici, en exemple : 1° les conditions changeantes de la vie matérielle ; 2° les bouleversements politiques ; 3° les préceptes religieux ; 4° le voisinage de tribus étrangères ; 5° l'avènement et la diffusion d'habitudes sociales et de mœurs nouvelles à l'encontre de la « Coutume ».

III

Notre devoir de civilisateurs à l'égard de Coutumes familiales particulièrement à l'égard de la femme indigène

Notre obligation générale de civiliser nos indigènes étant admise, une question préalable se pose : est-il possible d'y satisfaire sans modifier leurs Coutumes familiales et sans en supprimer quelques-unes ? C'est impossible. Or l'un des axiomes sacro-saints d'une certaine politique coloniale est celui de l'intangibilité de ces Coutumes. C'est ici le lieu d'examiner cette dangereuse formule.

Mais le rôle du gouvernement colonial est des plus difficiles. Rien ne l'autorise à bouleverser les institutions familiales. Il doit, au contraire, les protéger, en ce qu'elles ont de respectable, contre les agents de dissolution qu'introduit partout la colonisation européenne.

D'autre part, il lui incombe de ne pas entraver et, bien plutôt, de favoriser l'œuvre de ceux qui travaillent à humaniser les Coutume et à relever, en particulier, la condition de la femme.

Enfin, une action directe du législateur colonial et de l'administration s'impose pour éliminer résolument les institutions incompatibles avec les droits inaliénables que sa qualité de personne humaine confère à la femme indigène.

IV

Simples observations sur le même sujet relativement à l'Algérie

Dans l'Afrique du Nord, le statut personnel et familial est réglé par le « Cheriat » (loi religieuse) et par la Coutume. Loi et Coutume s'accordent pour faire à la femme une condition très inférieure. Elles réservent à l'homme tous les privilèges, lui reconnaissent le droit à la polygamie, placent la femme sous son absolue dépendance, abandonnent à son arbitraire le maintien ou la rupture du lien conjugal.

Là où la famille a conservé sa cohésion patriarcale, chez les paysans et les nomades, le sort fait à la femme influe assez peu sur la solidité du groupe familial, mais il maintient celui-ci dans un niveau moral très inférieur. Là où la famille n'est plus qu'un simple ménage, chez les ouvriers des villes et des campagnes, les petits employés, chaque répudiation définitive est la destruction d'un foyer avec ses funestes conséquences.

Les mœurs aggravent encore la condition de la femme dans les populations rurales. Dans les villes, elles lui font une existence plus douce mais futile et strictement bornée par la claustration.

L'effort législatif, administratif et judiciaire de la France

Mettre à la portée de l'élite catholique l'étude des principes sociaux du catholicisme, lui donner une place dans l'enseignement de la jeunesse, la rendre accessible aux non-catholiques sincères : voilà l'œuvre recommandée par le Souverain Pontife et par l'Episcopat.

pour amender le droit musulman a été très réservé en matière de statut personnel. Son intervention la plus remarquée fut celle qui eut pour but d'assurer la liberté de consentement des parties dans le contrat matrimonial.

Variées sont les conditions d'existence des familles indigènes. Profonde est sur elles l'influence de la colonisation et du million de Français ou assimilés vivant au milieu d'elles. Et enfin l'accession à la naturalisation, facilitée par la loi de 1919, produira, à la longue, ses effets qui favoriseront le relèvement de la femme musulmane en Algérie.

La Loi Française et le Statut Réel des Indigènes dans L'Afrique du Nord

Par M. René Maunier

Professeur à la Faculté de Droit de l'Université de Paris

Quand, dans les colonies, les conquérants et les conquis sont appelés à vivre ensemble, il se pose aussitôt un problème social, et moral, et légal : celui du *clash,* ainsi que le disent les Anglais, et c'est-à-dire le problème du contact des peuples, d'où surgit, trop souvent, le heurt des civilisations. Tous les groupes sociaux qui entrent en contact doivent résoudre ce problème cardinal: les tribus, les cités, les nations, et les classes, n'ont jamais pu accomplir leur fusion qu'au prix de débats ou de combats.

Cela est vrai, surtout, pour le contact entre les colonisateurs et les colonisés. Comment se fait, entre eux, l'*adaptation,* ou l'*accommodation,* ou l'*assimilation,* prélude nécessaire d'une *agrégation* ou d'une *association?* Si le contact entre les colonisateurs et les colonisés produit parfois l'*imitation* — tantôt suggérée, tantôt imposée — il produit fréquemment aussi l'*opposition:* les indigènes, crispés à leurs mœurs, résistent à s'accommoder, et résistent donc à collaborer. Il faut que les Européens s'emploient à obtenir ou bien à établir une transformation et une adaptation, de bon gré ou de mauvais gré.

Considérons, en Afrique du Nord, un aspect du problème : celui des droits fonciers, et notamment de la propriété. C'est un domaine où le conflit des idées indigènes et des besoins européens a été, maintes fois, très aigu. Conflit de traditions, conflit de conceptions; dès lors, conflit de sentiments, conflit d'entêtements ! Conflit du personnel et de l'impersonnel ; conflit du rationnel et du traditionnel. Malentendu, par conséquent, fondamental. Le colon veut pouvoir exercer sur le sol des droits clairs, précis et certains. L'indigène ne sait exercer sur le sol que des droits vagues, imprécis et incertains. Faut-il donc porter la cognée dans la broussaille des coutumes indigènes ? Faut-il, bon gré mal gré, en ce domaine, « assimiler » et « franciser » ? Mais on ne le pourrait qu'en francisant et qu'en assimilant l'ordre indigène tout entier ! Car la propriété tient à l'ordre tribal ; elle est un attribut des groupes indigènes ; elle est, pour chacun d'eux, un élément de personnalité, et un moyen d'identité. Le groupe a sa communauté de possession, comme il a sa communauté d'habitation, et sa communauté d'opération, et sa communauté d'adoration. Ce régime foncier est donc de droit public, et non pas seulement de droit privé. Il est donc aussi de droit personnel, et non pas seulement de droit réel. Les biens-fonds font partie des groupements humains; chaque groupe a son bien et son droit, ainsi qu'il a son âme et son esprit. Le lien de l'homme avec le sol est intime et profond. Si quelqu'un meurt au loin, son corps doit être rapporté dans la tribu, et inhumé dans son terroir. Et tout cela est vrai, au degré près, chez les nomades mêmes. Pour « réformer » les droits fonciers, il faut donc se risquer à ébranler l'édifice tribal. Pour changer la propriété, il faut changer la société ! Telle est la donnée du problème : et l'on conçoit ainsi que la sociologie ait à dire son mot.

Il sied, d'abord, de dégager la *conception* des droits fonciers dans l'esprit indigène, afin ensuite d'exposer la *solution* qu'on peut chercher à ce problème de conflit de lois.

La *conception* des droits fonciers, chez l'indigène, est définie par trois traits principaux. En premier lieu, l'*indistinction* des droits fonciers. On ne distingue point le droit réel et le droit personnel : tout droit foncier est l'un et l'autre en même temps. On ne distingue point les droits immobiliers et les droits mobiliers ; tout bien est un bien, tout droit est un droit. On ne distingue point la détention, la possession, et la propriété ; dans les tribus, sinon dans les cités, propriété et possession ne sont point séparées ; le droit foncier se gagne par la possession, par l'occupation, par l'exploitation ; et, comme il est assez souvent inaliénable, c'est un *usus* plutôt qu'un *abusus*. Il faut parler d'un droit d'occupation, d'un droit de possession, mais non, en général, d'un droit d'aliénation. En second lieu, et par effet direct, l'*indécision* des droits fonciers. Ces droits sont coutumiers, fixés oralement, transmis oralement ; ils sont tradition-

Il est besoin, pour cette étude, de recueils sérieux, actualisant les principes, en montrant les convenances aux besoins de la Société, et mettant en relief les résultats de l'action sociale catholique.

C'est dans ce but qu'a été créée la revue mensuelle, la « Chronique Sociale de France ».

nels, plutôt que consensuels ; impersonnels plutôt que personnels ; collectifs et non privatifs. Ils sont, dès lors, toujours sujets à discussion, à révision, à correction. En dernier lieu, la *complication* des droits fonciers. Chaque groupe social a son droit, tout ainsi que son intérêt et son honneur ; il a son bien foncier parce qu'il a son unité. Et donc, autant de groupes, autant de droits. La tribu ou le clan a son droit sur le sol ; la cité a le sien, ainsi que la corporation ou que la confrérie ; la famille agnatique a le sien, et le ménage aussi, et l'individu enfin ; l'individu, à titre personnel, dans la limite, et la mesure où il n'a pas qu'un pseudo-droit, plus ou moins étranglé par le droit collectif. Etant un élément de la tribu, il ne peut pas céder son bien à l'étranger ; et s'il émigre loin de la tribu, il perd son bien. Son droit individuel reste subordonné au droit commun de la tribu. Par-dessus tout, l'Etat — le *beylik*, le *maghzen* — prétend à un droit éminent ! Complication, et multiplication, et superposition de droits. A quoi vient s'ajouter la différenciation du droit berbère et droit musulman ; autant dire *droit tribal* et *droit urbain*. Régime des cités, fondé sur le Coran ; régime des tribus, fondé sur l'*orf*, et c'est-à-dire la coutume, en général non mise par écrit. Donc, les *sujets* des droits fonciers sont très multiples. Et les *effets* des droits fonciers sont très complexes. La possession du sol entraîne un droit d'*occupation*, un droit d'exploitation ; dans le Coran, ainsi que dans le code de Manou, la possession se fonde et s'entretient par cette exploitation, ou cette « vivification ». Et elle entraîne, à cette fin, un droit d'*amodiation*, d'association ou bien de location, souvent à titre perpétuel. Et elle entraîne quelquefois un droit d'*aliénation*, de transmission, mais qui n'est pas admis toujours, et qui, quand même il l'est, ne peut être exercé sans une intervention du groupe entier. Les biens *arch*, ou biens de tribu, sont toujours inaliénables ; les biens *ouafk*, ou biens de mainmorte, sont aussi inaliénables ; les biens *melk*, familiaux et même individuels, ne sont cédés, dans les tribus, qu'avec l'intervention du conseil de tribu ou *djemaâ*, ou bien avec l'intervention du conseil de famille, ainsi que je l'ai vu chez les Kabyles. Ce n'est que dans le droit urbain que peut se faire, librement, l'aliénation des biens fonciers.

Cela étant, on peut saisir l'âpreté du conflit qui se déroule entre indigènes et colons. Conflit de besoins, conflit de notions; conflit légal, conflit moral, parce que conflit mental. Le colon veut la fixité des droits, et la simplicité des droits, et la sécurité des droits, et la publicité des droits. L'indigène ne peut et ne veut les donner!

La *solution* de ce conflit, qu'est-elle donc ? Et que pourrait-elle être, ou que devrait-elle être ?

Trois partis ont été adoptés, non sans hésitations ou sans contestations. En premier lieu, *confirmation* du régime indigène, mais avec précision, et codification. Conservation des droits, mais détermination des droits, et vérification des droits. L'ordre public veut des droits clairs, des droits précis, des droits certains; dès lors confirmation, mais fixation des droits fonciers. Ainsi avons-nous fait par un dahir de 1919, pour les biens des tribus au Maroc; la *djemaâ* a vu ses droits assurés, précisés, limités. C'est le principe colonial français, de maintenir, quand il se peut, la coutume indigène. Et ainsi, de Tunis à Rabat, le régime foncier traditionnel reste *de règle,* et jamais ne devient d'exception. En second lieu, pourtant, *altération,* ou correction du régime indigène, afin d'améliorer et d'adapter, en conservant et en consolidant, Ainsi avons-nous fait en Algérie, quand nous avons rendu inopposables les effets du *oaukf* à nos colons; et au Maroc, quand nous avons organisé la surveillance des *habous,* et notamment la fixation des prix de location. Ou bien quand nous avons rendu les terres collectives de tribu aliénables... au profit de l'Etat. Ou bien, enfin, quand nous avons changé en rentes rachetables les rentes perpétuelles dénommées en Tunisie *enzel.* Autant de modifications, qui laissent subsister pourtant les principales traditions. En dernier lieu, il a fallu parfois l'*abrogation* du régime indigène, jugé imperfectible, et proclamé incompatible avec l'ordre public ; et la substitution, à ce régime, d'un régime européen. Ainsi fit-on en Algérie, par de nombreuses lois, en soumettant certaines terres à la *francisation,* et c'est-à-dire en les plaçant, à de certaines conditions, sous l'empire du droit français ; opération restée, sauf certains cas, facultative, et demeurée, dès lors, une exception. Ainsi fit-on, surtout, en Tunisie et au Maroc, en édictant l'*immatriculation* des droits fonciers, et c'est-à-dire la publicité obligatoire de ces droits, établie par l' « Act Torrens » en Australie. Elle est restée aussi facultative ; et elle est demeurée l'exception, C'est un essai de « modernisation » des droits fonciers aux colonies : la simplification des droits, la clarification des droits, la consolidation des droits, seraient, par là, donées à l'Afrique du Nord. Mais cela reste exceptionnel jusqu'à présent.

Ainsi peut-on tirer une leçon de ces essais, maintes fois avortés. En ces pays d'antique civilisation punique et berbère et arabe, il a fallu, bon gré mal gré, nonobstant tout rationalisme, nonobstant tout absolutisme, se résigner à la *combinaison* des

A l'origine des Semaines Sociales, on trouve l'initiative de la « Chronique Sociale de France », 16, rue du Plat, Lyon, qui reste l'organe des Semaines, et dont le Secrétariat Social est le doyen des institutions de ce genre. Faire lire la « Chronique », c'est donner aux Semaines et à leur action un concours efficace.

solutions. Conserver, s'il se peut ; adapter, s'il se doit ; et révolutionner... quand on croit qu'il le faut, après méditation, après hésitation, après consultation. Proposer, bien plutôt qu'imposer; suggérer, bien plutôt qu'obliger; éduquer, pour le dire d'un mot. Entre indigènes, on a gardé, en Algérie, le statut indigène; c'est seulement dans les rapports avec les étrangers qu'on a soumis les droits fonciers au régime français. Ce « statut mixte », en son principe, sinon toujours en son détail, concilie l'ordre et le progrès; il permet de changer, mais sans ruiner. Il faut adapter, et non ébranler; il faut construire, et non détruire: il faut résoudre, et non dissoudre.

Introduction de l'Industrialisme dans les Colonies Apparition d'un Capitalisme et d'un Prolétariat de Couleur

Cours du R. P. Arnou, *S. J.*
Attaché au B. I. T.

A la dernière Semaine Sociale de Besançon, à propos de la rationalisation dans les pays neufs nous avons essayé de marquer les progrès de l'industrialisme dans les colonies. Il ne s'agit plus de revenir sur ce sujet, sinon pour le compléter tout particulièrement en ce qui concerne la production agricole des matières premières (plantations...) et pour noter les modifications imposées à la société indigène par ce qui plus exactement doit s'appeler l'économie capitaliste de l'Occident.

Non point que l'on songe pour les tribus africaines et asiatiques à un fixisme économique et social, du reste impossible dans les bouleversements de tout le milieu primitif. La mise en valeur des pays neufs est non seulement nécessaire à l'humanité; elle est indispensable à la sécurité; à l'hygiène, aux progrès démographiques et culturels des indigènes qui, suivant leurs possibilités accrues, doivent payer les lourdes charges des Etats et des Sociétés coloniaux; peut-être même une puissante industrie sera-t-elle seule capable d'apporter à tels pays de population très dense — comme la Chine — avec le pain, le riz quotidiens, la paix civile et un gouvernement stable.

I

Les conditions économiques de la colonisation

Dans les pays neufs — comme ailleurs — l'homme ne donne aux richesses de la nature une valeur humaine que par la collaboration du capital, de l'intelligence technique et de la main-d'œuvre. Au stade actuel :

1° Le capital vient des peuples à forte épargne, principalement des nations occidentales, bien que — fait à souligner — il naisse de plus en plus un capitalisme de couleur (non seulement les petits planteurs des Indes Néerlandaises, et de certaines régions africaines, les petits exploitants des mines d'étain malaises, mais encore sans parler des firmes industrielles du Japon, des gros commerçants chinois de toute l'Asie, il se développe aux Indes une forte industrie hindoue, textile... et en divers pays les grands chefs indigènes se mettent à une véritable exploitation capitaliste et moderne de leurs immenses domaines. Peut-on espérer que le capitalisme de couleur échappe aux tares que l'on stigmatise dans l'économie occidentale ?

2° L'intelligence technique doit être encore fournie principalement par les peuples d'occident (sauf dans certaines nations d'Extrême-Orient) et partout l'évolution économique se fait suivant les méthodes (machinisme, procédés commerciaux et bancaires...) et dans l'axe du développement occidental. D'ailleurs l'économie des pays neufs est commandée par le crédit de l'Occident ainsi que par ses marchés et bourses de matières premières.

3° Le blanc ne pouvant se livrer au travail manuel dans la plupart des contrées coloniales, la main-d'œuvre est demandée aux populations indigènes, d'où varié, complexe le problème du prolétariat de couleur.

II

Prolétariat de couleur

1° Chez les peuples primitifs, à besoins limités, peu portés et peu propres à une activité intense, les Européens, après avoir renoncé à l'esclavage, ont essayé du travail forcé. Si l'autorité publique, pour des ouvrages d'intérêt général et primordial, peut-être même dans un but d'éducation peut exiger de tribus indolentes une tâche précise, d'ailleurs modérée, une entreprise strictement privée, un individu peuvent-ils invoquer « un droit au travail d'un autre » ? Même si elles ne peuvent subsister

Si les milliers d'auditeurs qui ont suivi les Semaines depuis leurs origines étaient tous abonnés, lecteurs et propagateurs d'une revue comme la « Chronique Sociale de France », le catholicisme social disposerait d'un puissant instrument de vulgarisation.

autrement, des mines, des plantations, des exploitations forestières... d'intérêt privé peuvent-elles — fût-ce par l'administration — réquisitionner une main-d'œuvre rebelle à leurs offres ? C'est ce que refuse avec une juste conception de la dignité et de la liberté humaines le projet de convention de la toute dernière Conférence Internationale du Travail.

2° Ailleurs les travailleurs sont recrutés par les divers systèmes d'engagements à long terme (Indes Néerlandaises...): engagements contractuels avec leur corollaire de contrôle officiel, engagements libres.

3° Prolétariat industriel des pays neufs de type plus évolué (Indes, Chine, Afrique du Sud): les crises sociales du précapitalisme du XIXe siècle s'y reproduisent à l'état plus ou moins aigu, surexcitées par la question nationaliste.

4° Ce qu'est le prolétariat de couleur organisé, ses groupements et formations, ses revendications, l'influence de Moscou.

III

Collaboration des races dans l'entreprise coloniale

Le grand problème social de la répartition des profits s'exacerbe aux colonies à un conflit de races. La question très âpre du prolétariat de couleur devra se réduire en limitant au minimum le nombre des prolétaires, but poursuivi particulièrement dans les exploitations agricoles : plantations capitalistes ou paysannerie indigène: ce sont les termes du dilemme.

Sans doute pour soutenir la concurrence des grandes plantations, les petits domaines de l'Africain et de l'Asiatique ont à résoudre de graves problèmes d'organisation et de crédit. Noter déjà : les réalisations fructueuses de paysannerie noire (Nigéria, Gold Coast, Côte-d'Ivoire,...); les méthodes de collaboration entre les grandes entreprises du Blanc et l'exploitant primitif (vq. au Congo belge); programmes qui réclameront toujours de l'Administration et des autorités sociales, avec beaucoup de dévouement tenace, une adaptation patiente des avidités et empressements économiques aux possibilités indigènes: donc un rythme ralenti des évolutions coloniales (zones économiques, comité ou kivu au Congo belge; programme de l'A. O. F.).

Conclusion

Le communisme prétend libérer les peuples neufs de l'exploitation capitaliste et impérialiste des nations occidentales. Aux puissances colonisatrices de prouver par leur politique loyale de collaboration qu'elles peuvent — sans les prétentions de Moscou — sauver les indigènes dont elles ont pris la charge, qu'elles peuvent les arracher aux guerres intestines, aux épidémies, aux dégénérescences en créant à pleines mains les richesses morales et matérielles dont leurs pupilles, salariés, surtout exploitants autonomes, seront largement bénéficiaires : beau succès de la solidarité internationale jusque dans le domaine de l'économique.

Comment établir dans l'organisation du Travail aux Colonies, les Garanties prévues par l'Encyclique « Rerum Novarum » ?

Cours de M. Joseph DANEL

Professeur à l'Université Catholique de Lille

L'Encyclique « Rerum Novarum » a une valeur permanente et universelle. Les conditions qu'elle pose à l'emploi des travailleurs obligent sur tous les points du globe et sous tous les régimes de travail parce qu'elles découlent, non de la considération de certaines circonstances économiques, mais de la nature humaine de ces travailleurs.

La variété des formes de l'organisation du travail dans les colonies n'est donc pas un obstacle à l'application des principes de la sociologie chrétienne. Il ne faudrait pas non plus s'imaginer que l'application de ces principes doive nécessairement conduire à une organisation du travail selon les méthodes européennes, et pousser à l'industrialisme.

***

La manière d'obtenir l'application de ces principes nous remet en présence de la triple action de l'Eglise, de la société civile et des intéressés eux-mêmes.

L'Eglise ne peut pas agir comme elle le fait dans des pays d'antique civilisation chrétienne où les esprits sont héréditairement disposés à l'intelligence de ses enseignements. Employeurs et employés représentent souvent deux modes de civilisation différente sur lesquels l'action de l'Eglise s'exerce très inégalement.

L'action de la société civile est faible: la société indigène

Faites le geste nécessaire en remplissant, à la fin de cette brochure, la feuille destinée soit à vous abonner, soit à donner à la « Chronique Sociale » des adresses d'amis pour l'envoi de numéros spécimen.

n'est guère adaptée à ce rôle, elle est d'ailleurs vassale d'une administration qui représente une société plus organisée et plus puissante. Celle-ci non plus n'est pas souvent à la hauteur de cette partie de sa mission, plus préoccupée de l'aspect économique que de l'aspect social des problèmes qui appellent son intervention.

Quant aux intéressés, il y a peu de fond à faire sur leur organisation actuelle.

***

L'application de ces principes requiert trois étapes :

1° La proclamation doctrinale des exigences de tout travail humain et la pénétration dans les esprits de ces vérités essentielles, ce qui est une œuvre d'éducation;

2° La promulgation de règles juridiques, c'est-à-dire de textes précis, adaptés aux situations de fait, et obligatoires, qui feront passer les prescriptions du droit naturel dans le droit positif. A cet égard, l'Organisation Internationale du Travail est un précieux instrument. Elle nous fait assister à la création d'un droit international du travail ayant valeur de principe pour le monde entier. Elle vient d'établir, pour la première fois, un projet de convention applicable à une forme particulière du travail dans les colonies : Le Travail Forcé;

3° L'application enfin de ces règles positives, ce qui demande d'une part une réglementation, de l'autre un effort de collaboration fourni par ceux qui sont sur place : administrateurs, colons, missionnaires, travailleurs indigènes.

***

La convention internationale sur le travail forcé nous offre un exemple actuel de ce que l'on peut faire.

Les principes généraux de cette convention et les problèmes qu'elle a soulevés.

La collaboration des catholiques et des missionnaires à l'établissement de cette convention: rôle de l'Union Catholique d'Etudes Internationales de Fribourg (Suisse) et de plusieurs Associations catholiques internationales ; rôle des Syndicats chrétiens.

L'effort des catholiques sociaux et spécialement des missionnaires pour la ratification de cette convention et sa mise en application dans les pays intéressés. Aider à l'amélioration des conditions du travail est une œuvre éminente de charité envers ceux qui souffrent dans leur être physique, dans leur vie familiale et dans leur vie religieuse des conditions dures qui leur sont imposées par la nécessité. Préparer par une éducation appropriée les travailleurs indigènes à collaborer à cette amélioration est une tâche urgente de l'apostolat catholique. Faute de cette préparation ceux-ci seraient livrés sans défense à l'emprise des doctrines et de l'idéologie communiste, et bientôt serait ruinée toute l'œuvre coloniale.

L'application des principes de la morale chrétienne à une situation donnée ne s'accomplira pas sans l'effort d'une élite sociale indigène. Il appartient aux catholiques de la susciter dans les pays de missions comme les « missionnaires du travail » s'appliquent à l'épanouir dans d'autres circonstances économiques et sociales.

Ainsi sera entrepris et poursuivi jusqu'à son achèvement dans le monde entier le travail de reconstruction auquel se livrent les Semaines Sociales et auquel la voix de Léon XIII conviait les catholiques il y a près de quarante ans.

Les élites indigènes dans les pays de colonisation ou en tutelle ou même politiquement autonomes du monde musulman

Cours de Mgr Paul-M.-A. Mulla

Professeur à l'Institut Pontifical des Etudes Orientales de Rome

Une obligation large de charité humaine ou même, lorsqu'elles sont colonisantes, protectrices ou « mandataires », un strict devoir d'état de tutrices et d'éducatrices commande, on l'a vu, aux nations qui réfléchissent sur leurs responsabilités de travailler plus ou moins directement à l'ordre et au progrès social, intellectuel et moral des peuples qui ont besoin d'elles et qui sont dans leur rayon d'influence. Qu'à ce travail elles doivent appliquer des hommes, fonctionnaires, colons, agents d'influence et facteurs de rayonnement pris parmi les meilleurs de leurs enfants, c'est ce qui ressortira sans doute de la leçon finale. Pourquoi et comment ces élites, pour l'accomplissement de leur tâche, doivent rechercher le contact et la coopération, susciter la formation des élites indigènes, — et quels sont, dans le monde islamique en particulier, ces éléments autochtones sains

Le texte des cours et conférences de la Semaine Sociale de Marseille sera publié en un volume de 570 pages, qui paraîtra vers la fin janvier. Vous avez un sérieux avantage à profiter du prix de souscription : 20 francs. Le Secrétariat de la Semaine tient à votre disposition des bulletins.

et féconds, rejetons gonflés de la sève du passé ou prêts aux transplantations et expansions futures, c'est ce que la présente leçon se propose sommairement d'indiquer.

I

Et d'abord qu'est-ce vraiment que l'élite indigène, pourquoi la chercher, où et comment la rejoindre ?

1° Ce qui fait l'élite telle que nous devons la concevoir ce n'est pas le fait brut de disposer, par sa condition ou son rang social ou par ses qualités individuelles, d'une certaine force auprès de ses congénères, soit pour les opposer à la nation occupante ou influente, soit pour les lui soumettre ou assimiler, — mais le don et le mérite de réaliser le mieux en soi les aptitudes et les vertus qui, tout en constituant la marque originale et le patrimoine d'un peuple offrent un intérêt proprement humain, un caractère général et permanent, une valeur morale et spirituelle : expression la plus pure à la fois du génie de ce peuple et de sa mission universelle et éternelle, la véritable élite, — comprenant, en même temps que les enfants de la tradition conservée en esprit et en vérité, les enfants de l'esprit nouveau ouvert aux exigences du progrès, — se distingue des pseudo-élites, aussi bien des « figés » qui s'attachent à la lettre d'un passé dont ils perdent chaque jour davantage l'esprit, l'élan et la pureté originels, que des « déracinés » qui n'adoptent de la vie des nations influentes imitées que les défauts sans les qualités qui les pallient ou les dehors sans l'âme qui leur donne leur sens et leur prix.

2° Car si l'élite d'une nation influente doit discerner et atteindre l'élite du peuple soumis à son influence, ce n'est pas avec un appétit de domination charnelle, afin, par ce qu'on a appelé la méthode verticale, d'exercer sur ce peuple, maintenu dans la sujétion à ses chefs domestiqués, sa volonté de puissance ; — ce n'est même pas seulement, par un mouvement de bonté unilatérale et paternaliste, pour l'amener à son niveau supérieur de richesse, de culture intellectuelle et de moralité en commençant par sa portion la plus souple et la plus assimilable, — mais dans un esprit de charité fraternelle, pour se hausser en même temps jusqu'à lui et participer, par son élite, à ce qu'il y a de meilleur dans son héritage moral, afin de préparer en commun avec lui les conquêtes spirituelles de l'avenir.

3° C'est pourquoi, par exemple, elle s'abstiendra d'entraver l'ascension normale des valeurs indigènes en les éloignant systématiquement de la culture libérale ou des fonctions de direction ; — elle assistera les élites ouvrières ou intellectuelles, désorientées par le renouvellement des conditions économiques ou scientifiques, dans leur crise de réadaptation ; — elle nouera parmi elles des amitiés faites de respect mutuel, de communion en haut et d'entr'aide pour la vertu ; — en même temps qu'elle mettra à leur portée les trésors culturels et spirituels de son milieu, elle cherchera, par la pratique de leur langue, de leur littérature et de leur histoire, l'intimité des grands esprits et des grandes âmes qui furent le salut et sont l'honneur de leur communauté.

II

A cette méthode quel champ d'application plus intéressant et plus productif que l'Islam, communauté morale la plus proche qui soit, avec Israël, de la Chrétienté ?

1° Pour connaître et atteindre ses élites d'aujourd'hui, il convient d'évoquer ici : ses élites d'autrefois dont elles sont les héritières, surtout cette floraison d'ascètes et de mystiques des premiers siècles qui, parallèlement à l'expansion et à l'organisation de la société musulmane, ont développé en eux et autour d'eux l'union à Dieu jusqu'à l'héroïsme et dont les doctrines et les œuvres nourrissent et soutiennent encore les cœurs droits, malgré les déformations et dégénérescences qu'elles ont subies; — et, mieux encore, le lot de vérités et de vie que ces élites reçurent de l'Islam et rendirent accru à son domaine commun: cette haute conception de l'omnipotence divine, ce vif sentiment de la précarité du monde, ce besoin de contempler la face du seul subsistant qui ont déterminé, en même temps que le choix du nom même de l'Islam, l'orientation de sa théologie, de sa morale et de ses institutions sociales, de sa philosophie authentique et jusqu'à son activité scientifique et artistique, et qui constituent le caractère spécifique et l'intérêt humain permanent de la civilisation musulmane.

2° Cet apport positif de l'Islam, il faut le révéler aux élites de la chrétienté qui doivent y puiser un salutaire rappel du domaine absolu de Dieu et de l'insuffisance du créé, une opportune réaction contre les retours offensifs du naturalisme, toujours tenté d'organiser terrestrement notre demeure permanente ou d' « évacuer » les exigences mortifiantes de l'Amour divin, — et le rappeler aux élites d'Islam, aux élites conservatrices surtout qui se retremperont ainsi à leurs sources et sentiront combien et à quoi leur noblesse les oblige.

Avant de quitter la Semaine, faites une visite au Service de Librairie qui vous offre une documentation facile, et peut-être l'occasion d'un achat utile.

3° Quant aux élites progressistes gagnées par l'ascendant de la civilisation européenne d'autant plus facilement que les crises qu'elle traverse leur masquent encore sa nature et ses tenants et aboutissants profonds, il faut, après l'avoir redécouvert pour notre compte, leur découvrir son vrai visage, et, en même temps qu'à l'Occident, indiquer à l'Orient les remèdes aux abus et aux erreurs qui la vicient et la menacent, — notamment les conceptions et les pratiques du nationalisme positiviste et du sociologisme statolâtrique sur l'éducation, la culture et la civilisation, sur la personne et la destinée humaine; — il faut à ces élites montrer, à côté et même au-dedans de l'Europe « laïque » la seule qu'elles reconnaissent, l'autre Europe, inséparable de celle-là, et, dans la vie et la pensée modernes, le ferment chrétien qui travaille l'humanité pour y opérer d'inédites croissances, rénovations et promotions spirituelles.

Elites indigènes dans les pays de colonisation
Les Milieux Fétichistes

Cours du R. P. Aupiais

Provincial des Missions Africaines de Lyon

Si la colonisation doit être une sorte d'éducation des peuples dits non civilisés, tendant à obtenir que ceux-ci arrivent un jour plus ou moins proche à vivre d'une existence indépendante, la question des Elites doit être immédiatement posée, non pas pour discuter si les élites sont nécessaires — ce qui est incontestable — mais pour se demander si la constitution des élites est possible en pays d'origine fétichiste, par exemple, et, dans l'affirmative, pour constater quelles sont les lois qui président à leur recrutement, à leur formation, à leur utilisation.

Il y a une conception moderne des élites qui est consécutive à notre état de civilisation : celui-ci, en multipliant et en perfectionnant les différentes branches du labeur intellectuel et de l'activité morale et religieuse, a rendu nécessaire la division du travail, la spécialisation des travailleurs, c'est-à-dire la hiérarchisation de certaines professions par rapport à certaines autres.

Dans l'antiquité et durant de longs siècles de notre propre histoire, les élites ont été uniquement constituées par les chefs

— —

dynastiques des peuples. Toutes les autres supériorités, les « clercs » notamment (au sens de M, Benda) se dégageaient avec peine de la masse, nivelée par une totale soumission au pouvoir, par une complète égalité sociale et par une médiocrité matérielle générale. On constate une organisation identique chez les noirs: en haut, le roi, monarque absolu; au-dessous de lui, tous les sujets confondus dans un rang indistinct, fussent-ils chefs, prêtres, artistes, médecins, etc.

On comprend que la suppression, par les Européens, du pouvoir civil indigène a laissé le champ libre à l'éclosion des dénivellements sociaux en faveur de certaines catégories « naturellement » supérieures.

Les nécessités économiques et administratives ont rendu nécessaire l'admission des indigènes à des emplois européens.

Les indigènes eux-mêmes, qui étaient des faibles ou des vaincus, n'ont pas manqué d'avoir cet opportunisme qui dispose à servir les nouveaux maîtres.

Il fallait un intermédiaire pour que la loi de l'offre et de la demande fut strictement observée. Les missionnaires remplirent cet office grâce à leurs écoles.

Des sujets de choix se signalaient bientôt à l'attention et à la sympathie des Européens parce que, d'une façon générale, les Primitifs manifestent un grand don d'assimilation qui ressemble à la belle fécondité avec laquelle les terres de chez eux, jusque-là incultes, recueillent, nourrissent et font croître les plantations nouvelles.

Voici quelques chiffres qui donneront une idée de la collaboration des élites indigènes, recrutées dans les milieux fétichistes, mais devenues chrétiennes: des services administratifs comme ceux de l'Enseignement, des Postes, de la Douane, des Hôpitaux, etc., fonctionnent à plein rendement avec un Européen pour quinze ou vingt indigènes, et l'on voit quelques-uns de ces Services compter huit ou dix Européens seulement pour la colonie tout entière. Les deux cents employés qui restent sont africains.

Rendons à César ce qui est à César. L'Administration coloniale a pris, pour obtenir ces résultats, les moyens les plus efficaces: elle a créé des Ecoles complémentaires, elle a constitué des corps distincts de fonctionnaires, elle leur a donné progressivement des cadres: locaux, secondaires, supérieurs, de plus en plus favorables soit au point de vue de la situation morale, soit au point de vue des avantages pécuniaires.

Il ne suffit pas que ces hommes soient instruits ni même qu'ils exercent des charges importantes pour qu'ils méritent de faire partie des Elites. Il faut encore que ces mêmes hommes

Savez-vous, par exemple, qu'il y a, en France, 66 Secrétariats sociaux, dont 45 groupés en Union nationale, avec siège central à Paris, 31, rue Bellechasse. Ils ont construit des milliers de maisons ouvrières, fondé des centaines de Sociétés de crédit et de secours mutuel, créé et soutenu de nombreuses organisations professionnelles, etc...

donnent des garanties de dignité de vie, de dévouement à la cause commune et de conscience professionnelle.

Nous savons que les populations analphabètes africaines ont pu être préparées à la formation intellectuelle européenne par leur passé de peuples à littérature orale. Sera-t-il permis de dire aussi que leur existence morale antérieure à la pacification européenne a pu servir de trame à l'éducation nécessaire à la formation des élites ?

Il faut répondre : oui.

Que trouvons-nous, en effet, chez ces populations ? Au point de vue matériel, une vie paysanne, pauvre mais saine, exempte de besoins comme de convoitises ; au point de vue social, une vie collective ne laissant aucune place aux manifestations et encore moins aux excès de l'égoïsme.

Au point de vue moral, un contrôle minutieux et impitoyable des fautes dont aucune n'était laissée sans sanctions.

Au point de vue spirituel, une vie religieuse intense, exagérée, confisquant au profit des divinités toutes les lois du monde physique, de l'ordre social, du code civil, des professions manuelles elles-mêmes.

Il faut le reconnaître, les gouvernements coloniaux se sont montrés inaptes à se servir de ces heureuses prédispositions parce qu'ils n'ont pas eu et n'ont pas voulu avoir de « politique religieuse », et ils auraient compromis gravement les résultats qu'ils étaient en droit d'attendre de leurs efforts, de leurs dépenses et de leurs méthodes, si des hommes de religion — les missionnaires — n'étaient intervenus à différentes époques et par différents moyens en Afrique Occidentale pour donner à des élites le sens du gouvernement et de la maîtrise de soi qui ne s'acquiert et ne se maintient que par la pratique de la religion.

Le problème de la constitution des Elites en pays africain est donc un problème de mise en valeur et un problème de mise en valeur intégrale des capacités certaines des populations indigènes par une adaptation immédiate comme l'Eglise en donne l'admirable exemple dans la formation du Clergé indigène.

Une Elite sociale : l'exemple du Clergé indigène

Cours du R. P. Charles, *S. J.*

Professeur à la Faculté de Théologie de l'Université de Louvain

Les protestants et les modernistes ont assuré que l'Eglise catholique est gouvernée par une hiérarchie ombrageuse, qui borne son rôle à entraver les initiatives et à tuer les hardiesses nécessaires.

S'il fallait une réponse à ce grief, l'histoire du clergé indigène en fournirait d'assez péremptoires. Là, comme ailleurs, les initiatives les plus décidées sont parties du Saint-Siège, et c'est le Pape qui, comme successeur du Pêcheur d'hommes, a « confirmé » la foi de ses frères dans l'apostolat et imposé les tactiques d'audacieuse sagesse.

a) Il y avait du mérite à le faire. — Les obstacles sur la route du sacerdoce indigène sont immenses. Dans les pays d'ancienne culture, c'est toute la tradition païenne qui semble s'y opposer, doublée dans sa résistance par la tradition ethnique ou nationale, hostile à un « christianisme occidental » Dans les pays de culture primitive, on pouvait se demander si la différence de niveau, entre le sacerdoce et la société indigène qui fournit les vocations, ne réclamait pas une ascension graduelle, œuvre de nombreuses générations.

Ces obstacles, extrêmement sérieux, ont été parfaitement compris par les missionnaires. Ils n'ont rien à voir avec le préjugé de race. Ceux qui ont cru ces obstacles insurmontables dans l'état actuel des choses et qui ont envisagé le clergé indigène comme un but éloigné, ne sont donc pas des coupables, et on fausse la question en parlant du « péché des missionnaires ».

b) Exemples pris dans l'histoire des missions. — Par ailleurs, il est évident que l'Eglise n'est nulle part pleinement établie tant que le pays lui-même ne fournit pas le clergé qui lui est nécessaire. Faute de cette élite, la situation ecclésiastique demeure précaire, même là où un clergé d'importation assure le salut des âmes.

c) Preuves doctrinales et historiques. — On a tenté des solutions suivant les lignes de moindre résistance : soit en cherchant à créer des liturgies nationales; soit en diminuant les exigences de la formation ecclésiastique; soit en excluant l'épiscopat indigène des buts prochains à atteindre.

Toutes ces solutions proposées ou essayées de très bonne foi, ont été rejetées par l'autorité romaine. Le clergé indigène doit avoir tous les caractères d'une élite complète et entièrement équipée pour sa tâche.

d) Les réalisations. — 1° L'esprit dans lequel elles ont été entreprises: il ne s'agit ni d'une manœuvre habile, ni d'une concession adroite, ni d'une feinte. Et ce n'est pas d'abord au point de vue national que se place le Saint-Siège pour justifier la création de ce clergé indigène. Ce n'est pas davantage une « expérience en grand » que Rome veut tenter.

Il est besoin, pour cette étude, de recueils sérieux, actualisant les principes, en montrant les convenances aux besoins de la Société, et mettant en relief les résultats de l'action sociale catholique.

C'est dans ce but qu'a été créée la revue mensuelle, la « Chronique Sociale de France ».

2° Les résultats obtenus, depuis la réorganisation des missions modernes : en Asie, en Afrique et dans les îles du Pacifique.

3° Les perspectives d'avenir et les réponses aux objections pessimistes. Exemples tirés de l'histoire ancienne et contemporaine.

Les Corporations Artisanales dans les milieux Musulmans

Cours de M. Louis Massignon

Professeur de Sociologie musulmane au Collège de France

1° Résultats généraux des enquêtes faites sur place (Maroc, Syrie). Structure topographique de la ville musulmane (souk, qaïceria). Le droit musulman et le compagnonnage : la morale professionnelle, le contrôle des marchés.

Etapes du dépérissement du vieil artisanat islamique suivant les pays. Explications proposées : encerclement politique de l'Islam ; rôle exceptionnel d'une minorité israélite pour la circulation monétaire et le financement des grandes entreprises coloniales et de la traite en Islam au moyen âge : cet élément israélite passe en terre chrétienne à partir du XIVe siècle; insuffisance de la conscience professionnelle.

2° L'aspect destructeur de l'influence européenne: elle impose ses produits (bas prix de revient, privilèges fiscaux), ses modes, ses nouvelles inventions. Sa doctrine de la libre concurrence disloque la vieille répartition des corporations dans les cités ; son productivisme brise la tradition corporative. Les grandes concessions monopoles et régies d'Etat se substituent aux biens de mainmorte constitués au bénéfice de la Communauté musulmane. Les métiers désaffectés, les élites déracinées, les masses qui s'expatrient.

3° Les remèdes. La réorientation professionnelle (non pas pour plaire aux touristes, mais à l'intention de la clientèle autochtone); la réadaptation des élites intellectuelles à leur pays d'origine; la renaturalisation des masses.

4° Les bases morales: inefficacité du cloisonnement par races; hypocrisie de la ségrégation anglo-saxonne. L'hybridation au contact est inévitable (non pas celle des races, en Islam, mais celle des idées) c'est à nous qu'il appartient de la diriger. Etant les chefs, nous serons jugés par les Musulmans suivant une échelle de valeurs unique: la nôtre, non pas la leur (anecdote : la guerre servile des *Zanj* sous le califat Abbasside).

Préparation Sociale des Jeunes gens qui se destinent à la Colonisation Fonctionnaires et Colons

Cours de M. Georges HARDY

Directeur de l'Ecole Coloniale de Paris
Membre de l'Académie des Sciences Coloniales

La vie coloniale, — c'est un fait bien connu — favorise tout particulièrement le développement de l'individualité; d'autre part, elle donne à l'individu une part d'autorité et une valeur d'exemple exceptionnelles. Il est donc essentiel de préparer méthodiquement le colonial à son rôle social et de tout mettre en œuvre pour que son action individuelle n'ait que de bons effets.

On serait tenté de croire, il est vrai, que la colonisation d'aujourd'hui, en se compliquant, en se rapprochant des méthodes administratives de la métropole, tend à réduire le rôle de l'individu. Ce serait là commettre une grave erreur. Les données actuelles du problème colonial, que nous rappellerons sommairement (réveil des préférences ethniques et des civilisations indigènes, aspirations des jeunes générations, excitations extérieures, etc.), prouvent au contraire que le colonial doit être, plus que jamais, un conducteur d'hommes et un connaisseur d'âmes, et que la colonisation, plus que jamais, a besoin d'une élite.

Il convient d'exporter aux colonies le moins possible d'Européens de petite qualité, qui constituent, en général, des ferments de mécontentement et qui diminuent la seule force sur laquelle nous puissions vraiment compter, à savoir, notre prestige moral. Par ailleurs, il est indispensable de faire très largement sa place à l'élite indigène qui s'est formée dans nos écoles et qui, faute de trouver la récompense de son effort, serait une proie facile pour les agitateurs. C'est donc un petit nombre de « coloniaux » qu'il s'agit de recruter et d'éduquer, mais ce petit nombre ne peut être entouré de trop de soins, et nous sommes encore loin d'assurer sa formation comme il conviendrait.

Aussi demanderai-je de présenter cet exposé comme un programme plutôt que comme un rapport sur une situation de fait.

***

Je prendrai comme type la formation de l'administrateur colonial, qui est, de beaucoup, la plus avancée et qui a fait l'objet de nos plus récents efforts.

A l'origine des Semaines Sociales, on trouve l'initiative de la « Chronique Sociale de France », 16, rue du Plat, Lyon, qui reste l'organe des Semaines, et dont le Secrétariat Social est le doyen des institutions de ce genre. Faire lire la « Chronique », c'est donner aux Semaines et à leur action un concours efficace.

Deux principes se trouvent en présence: d'une part, l'envoi direct dans la colonie, moyennant certaines garanties de culture générale et, par la suite, la sélection des meilleurs; d'autre part, la formation dans des écoles spéciales de la métropole, suivie d'un stage probatoire dans la colonie. Nous optons résolument pour le second système, qui a fait ses preuves.

Reste à savoir quel sera le mode de recrutement de ces écoles spéciales. Nous estimons qu'il doit être, avant tout, fondé sur des épreuves de culture générale; car, si le colonial d'aujourd'hui est un technicien, il n'est pas moins vrai qu'il se trouvera en présence de problèmes nouveaux, partant, que ses qualités d'adaptation devront être particulièrement développées, — ce qui suppose avant tout un esprit ouvert et éclairé. Il serait également utile de mettre à l'épreuve le caractère du candidat: gros problème, auquel il est difficile, en l'état actuel de nos mœurs de trouver des solutions acceptables.

Une fois ce recrutement opéré, une fois ces écoles peuplées, sur quelles bases organiser les plans d'études ? Il semble nécessaire de maintenir, à côté de la préparation proprement technique, le renforcement de la culture générale ; il semble indispensable, surtout, de travailler très méthodiquement à consolider la personnalité des élèves et de l'orienter, en toute occasion, vers les préoccupations sociales.

A cet effet, l'enseignement devra être le moins livresque et le moins abstrait possible. Par exemple, les cours devront être doublés d'exercices pratiques, propres à révéler les qualités de chaque élève ; le contact avec la vie sera entretenu, dans la mesure du possible, par des voyages d'études (en France et dans l'Afrique du Nord), par des visites d'usines et de chantiers, par des excursions géographiques, etc. ; une large place sera réservée à la science de l'homme (géographie humaine, ethnographie, psychologie), et les élèves seront régulièrement entraînés aux recherches personnelles danc ces divers domaines ; l'étude des langues indigènes sera spécialement poussée et intimement liée aux études d'ethnographie ; enfin, on ne craindra pas de donner un enseignement moral en forme, appliqué à la colonisation et tout entier tendu à la démonstration de cette vérité, que la colonisation d'aujourd'hui est, avant tout, un devoir social.

Mais une condition pratique domine tout ce programme : c'est le régime de l'internat. Internat très libéral, bien entendu, mais qui obligera les futurs coloniaux à vivre, pendant un temps prolongé, en contact immédiat avec le personnel de direction, à se faire connaître autrement que par des compositions ou des interrogations, à prendre l'habitude d'une discipline, à subir, bon gré mal gré, des influences moralisatrices.

*
* *

Si la préparation des administrateurs à leur rôle social commence à s'ébaucher, on ne peut en dire autant de toutes les carrières coloniales. Il est encore beaucoup de médecins, de magistrats, d'universitaires, d'agents techniques, de commerçants et de colons, qui partent aux colonies sans avoir le moindre soupçon du rôle qu'ils sont appelés à jouer.

Il faudrait arriver à la suppression du colonial improvisé ; il faudrait obtenir que tout Européen qu'on envoie aux colonies reçût, à tout le moins, une initiation coloniale, et que cette initiation, tout comme celle du futur administrateur, s'inspirât franchement de préoccupations sociales.

Il y a là toute une organisation à mettre sur pied. Il y aurait sans doute à cet effet, toute une « Université coloniale » à créer. On y travaille, et il est possible qu'un jour prochain nous apporte des réalisations, qui, pour être modestes, n'en seront pas moins intéressantes.

*
* *

Je ne pense pas qu'on puisse traiter un tel sujet sans dire un mot du rôle de la femme européenne aux colonies.

Les femmes européennes sont de plus en plus nombreuses outre-mer ; elles pourraient y exercer une action sociale des plus heureuses, et nous en avons d'admirables exemples ; mais trop peu d'entre elles s'en soucient ou s'en montrent vraiment capables. Ici encore une éducation est à tenter, et, ici encore, une œuvre d'ensemble s'amorce.

*
* *

Pour conclure, nous distinguerons entre la propagande coloniale telle qu'elle est, — surtout économique et souvent incohérente — et ce qu'elle devrait être. Pour être efficace, il est nécessaire qu'elle intéresse avant tout l'opinion et spécialement la jeunesse au côté social de colonisation et qu'elle attire uniquement aux œuvres coloniales des individus sûrs de leur Vocation, conscients de leur Mission, avides des constituer réellement une Elite et de s'imposer à l'estime des sociétés-pupilles.

Imp. Express, 46, r. Charité, Lyon. — 14 178

BULLETIN D'ABONNEMENT et de PROPAGANDE

pour la

Chronique Sociale de France

Veuillez inscrire :

Abonnement d'un an (25 fr.), *de six mois* (13 fr.).

Service de Numéro spécimen (1)

Au nom de M

Adresse

Département

M.

Adresse

Département

M.

Adresse

Département

M.

Adresse

Département

M.

Adresse

Département

SIGNATURE :

(1) Rayer la mention inutile.

www.ingramcontent.com/pod-product-compliance
Ingram Content Group UK Ltd.
Pitfield, Milton Keynes, MK11 3LW, UK
UKHW031926260826
14628UKWH00003B/1444

9 782329 203003